Vacancy Studies

Editors-in-Chief Hoofdredacteurs
Ronald Rietveld & Erik Rietveld

Editors Redactie
Martine Zoeteman & Arna Mackic

Authors Auteurs
Ronald Rietveld, Erik Rietveld, Jurgen Bey,
Arna Mackic, Barbara Visser,
Ester van de Wiel & Martine Zoeteman

VACANCY STUDIES

EXPERIMENTS & STRATEGIC INTERVENTIONS IN ARCHITECTURE

EXPERIMENTEN & STRATEGISCHE INTERVENTIES IN ARCHITECTUUR

nai010 publishers uitgevers

Foreword 9
Voorwoord 8

Introduction 13
Inleiding 12
Erik Rietveld & Ronald Rietveld

Biography Biografie 180
Photo Credits Beeldverantwoording 182
Acknowledgements Met dank aan 183
Credits Colofon 184

Contents Inhoudsopgave

23 PART I — Surfing on a Sea of Vacancy
DEEL I — Surfen op de zee van leegstand

29 Chapter 1 — The Potential for Innovation Offered by Vacancy
Hoofdstuk 1 — De potentie van leegstand voor innovatie
Erik Rietveld & Ronald Rietveld

51 Chapter 2 — The *Dutch Atlas of Vacancy*
Hoofdstuk 2 — *Dutch Atlas of Vacancy*
Erik Rietveld & Ronald Rietveld

79 Chapter 3 — Strategic Interventions as a Design Approach
Hoofdstuk 3 — Strategische interventies als ontwerpbenadering
Erik Rietveld, Ronald Rietveld & Arna Mackic

117 PART II — Parachuting above Vacant NL
DEEL II — Parachutespringen boven Vacant NL

119 Chapter 4 — Designing for Temporary Use as a Profession
Hoofdstuk 4 — Vakmanschap in de tussentijd
Ester van de Wiel & Martine Zoeteman

151 Chapter 5 — Snow White Meets Moby Dick – Scenarios for Vacancy
Hoofdstuk 5 — Sneeuwwitje *meets* Moby Dick – Scenario's voor leegstand
Barbara Visser

165 Chapter 6 — New Horizons in the Blank Land
Hoofdstuk 6 — Vergezichten in het witte land
Jurgen Bey

Voorwoord

Bunkers, forten, kerken, kloosters, kastelen, ziekenhuizen, vuurtorens, watertorens, postkantoren, gevangenissen, paleizen en vliegvelden staan leeg. Diepgaande fascinaties voor uiteenlopende ruimtelijke fenomenen in stad en land vormen het startpunt van ons werk. Leegstaand erfgoed is zo'n fenomeen. Er schuilt een enorme potentie in. De gigantische omvang ervan hebben we getoond met de installatie *Vacant NL* op de Architectuurbiënnale van Venetië in 2010. De wereldwijde media-aandacht die dit teweegbracht, in onder meer *The New York Times*, *Wall Street Journal*, *The Guardian* en *The Architectural Review*, laat het grensoverschrijdende belang van dit thema zien. Het maakt duidelijk dat tijdelijk hergebruik van gebouwen ook internationaal een grote uitdaging is.

Ontwerpen aan maatschappelijk relevante opgaven, zoals leegstand, vraagt volgens ons om een nieuwe aanpak. Met precies gekozen en zorgvuldig ontworpen strategische interventies willen we nieuwe ontwikkelingen in gang zetten. Middels een geheel eigen werkwijze op het grensvlak van architectuur, kunst en wetenschap – waarbij per project versterking van specialisten en vaklieden wordt gezocht – leggen we met onze studio RAAAF [Rietveld Architecture-Art-Affordances] onzichtbare lagen bloot. Juist een samenspel van onderzoek en ruimtelijke experimenten kan nieuwe denkbeelden genereren.

Wat kan de grotere betekenis van dit leegstaande erfgoed voor onze samenleving zijn, uitgaande van de unieke kwaliteiten en ruimtelijke condities? Tijdelijk hergebruik van leegstand kan ook op de lange termijn veel betekenen voor onze samenleving. De afgelopen jaren hebben we met een collectief van ontwerpers, wetenschappers, kunstenaars en specialisten gewerkt aan nieuwe denkbeelden en ontwerpbenaderingen voor leegstand, in zowel de praktijk als het onderwijs. Op initiatief van Jurgen Bey, directeur van het Sandberg Instituut, hebben we het Masterprogramma Studio Vacant NL opgezet, waarbij alle auteurs van dit boek betrokken waren. De kennis en ervaring die we de afgelopen vijf jaar hebben opgedaan, willen we ontsluiten door middel van *Vacancy Studies*. Dit is niet het eindpunt, maar een moment om de tussenbalans op te maken.

Wie dit boek leest in de hoop kant-en-klare oplossingen voor leegstand te vinden, zal bedrogen uitkomen. Leegstand is voor ons geen probleem, maar een rijke bron met een ongekend potentieel.

Ronald en Erik Rietveld

Foreword

Bunkers, forts, churches, convents, castles, hospitals, lighthouses, water towers, post offices, prisons, palaces and airports are vacant. Profound fascinations with various spatial phenomena in the city and landscapes are the starting point for our work. Vacant built heritage is one such phenomenon: these buildings and sites contain great potential, the enormous extent of which was shown in our *Vacant NL* installation at the 2010 Venice Architecture Biennale. The worldwide media attention this led to – in *The New York Times*, *The Wall Street Journal*, *The Guardian* and *The Architectural Review* – is proof of the international importance of this issue; the temporary use of buildings is clearly also a global challenge.

Designing for societally relevant issues such as vacancy requires a new approach. With carefully chosen and meticulously designed strategic interventions, we want to set new developments in motion. Through a unique method of working at the interface between architecture, art and science, and seeking the expertise of specialists and craftsmen according to the requirements of each project, our studio, RAAAF [Rietveld Architecture-Art-Affordances] reveals invisible strata. The interplay between research and spatial experiments is the very thing that can generate new concepts and perspectives.

What greater significance might these vacant buildings and sites have for society, taking as our starting point their unique qualities and spatial conditions? Temporary reuse of vacant buildings can make a lasting contribution to complex societal issues. In recent years, we have worked, both in real life and education, with a collective of designers, scientists, artists and specialists on novel horizons for vacancy. At the instigation of Jurgen Bey, director of the Sandberg Instituut, we set up the Vacant NL Master's programme, in which all the authors of this book have been involved. We want to use this book to share the expertise and experience that we have acquired over the last five years. This is not the end of our engagement with this topic, but an opportunity for reflection.

Anyone who reads this book in the hope of finding ready-made solutions for dealing with vacancy will come away disappointed. We do not consider vacancy a problem: it is a rich resource with enormous potential.

Ronald and Erik Rietveld

2

Inleiding

Erik Rietveld en Ronald Rietveld

Vacancy Studies biedt een optimistisch perspectief op leegstand. Een collectief van ontwerpers, wetenschappers, kunstenaars en specialisten bouwt door middel van de ontwerpbenadering van strategische interventies en experimenten in de praktijk aan nieuwe denkbeelden voor tijdelijk hergebruik van leegstaande gebouwen en terreinen. In het komende decennium keert de ruimtelijke opgave immers om door de massale leegstand: 'programma zoekt gebouw' wordt 'gebouw zoekt programma'. *Vacancy Studies* heeft als doel om zowel ontwerpers als docenten en studenten in het ontwerponderwijs nieuwe inzichten en tools aan te reiken voor deze ontwerpopgave. Dit boek markeert een nieuw professioneel vakgebied.

Het vertrekpunt is de tentoonstelling 'Vacant NL,' in het Nederlands paviljoen op de Architectuurbiënnale van Venetië in 2010 (zie p. 10, 20 & 46). De hier gepresenteerde installatie toonde de ongekende mogelijkheden van 10.000 leegstaande publieke en overheidsgebouwen uit de 17e, 18e, 19e, 20e en 21e eeuw in Nederland. Denk hierbij aan kerken, kloosters, vliegvelden, paleizen, gevangenissen, watertorens, vuurtorens, forten en bunkers. Deze zee van leegstaand erfgoed biedt unieke gebruiksmogelijkheden en ruimte voor experiment en innovatie.

RAAAF [Rietveld Architecture-Art-Affordances] is naar aanleiding van de tentoonstelling in Venetië diverse vervolgprojecten en initiatieven gestart, waaronder de oprichting van een masteropleiding aan het Sandberg Instituut, de eerste ter wereld die deelnemers met verschillende achtergronden opleidt tot specialisten in tijdelijk hergebruik: Studio Vacant NL. Naast het ontwerpen aan 'tijdelijkheid als strategie' staat Studio Vacant NL bekend om het een-op-een in de praktijk testen van de ambities en het ontwikkelen van tools voor sequentieel tijdelijk gebruik: het doorverhuizen van gebouw naar gebouw.

Dit boek bestaat uit twee delen. Deel I, 'Surfen op de zee van leegstand', presenteert een visie op de potentie van leegstand en een nieuwe analyse- en ontwerpbenadering: strategische interventies. Deel II, 'Parachutespringen boven Vacant NL', gaat over experiment in het ontwerponderwijs en de praktijk.

Deel I: Surfen op de zee van leegstand

Met Vacant NL plaatste RAAAF de leegstandsproblematiek in Nederland in een nieuw, optimistisch daglicht. De tentoonstelling 'Vacant NL' leidde tot veel nieuwe initiatieven van ontwerpers, beleidsmakers en marktpartijen en inmiddels staat hergebruik van leegstaande gebouwen boven aan de ruim-

Introduction

Erik Rietveld and Ronald Rietveld

Vacancy Studies provides an optimistic perspective on vacancy. Using the 'strategic interventions' design approach and experiments in real life, a collective consisting of designers, scientists, artists and specialists is developing new ideas for the temporary use of vacant buildings and sites. After all, over the next decade the massive scale of vacancy means the usual spatial task will be inverted: 'programme seeks building' will become 'building seeks programme'. The aim of *Vacancy Studies* is to equip designers as well as teachers and students in design education with new insights and tools to carry out this novel design task. This book marks a new professional field of study.

Our starting point is the 'Vacant NL' exhibition for the Dutch pavilion at the 2010 (see p. 10, 20 & 46) Venice Architecture Biennale. The installation presented here demonstrated the unprecedented possibilities opened up by the 10,000 vacant public and government buildings in the Netherlands. These structures date from seventeenth, eighteenth, nineteenth, twentieth and twentyfirst centuries and include churches, convents, airports, palaces, prisons, water towers, lighthouses, fortresses and bunkers. This 'sea' of vacant heritage sites offers opportunities for unique uses as well as space for experimentation and innovation.

The exhibition led RAAAF [Rietveld Architecture-Art-Affordances] to start a number of follow-up projects and initiatives, such as developing the Studio Vacant NL Master's programme for the Sandberg Instituut. The programme is a world first, aimed at training participants from different disciplines as specialists in the temporary use of vacant buildings and sites. Besides developing 'temporariness as a strategy', Studio Vacant NL is known for its one-to-one testing of the ambitions and development of tools for sequential temporary use: the constant moving from one building to another.

This book consists of two parts: Part I, 'Surfing on a Sea of Vacancy', presents a vision of the potential offered by vacancy and a new way of analyzing and designing known as 'strategic interventions'; Part II, 'Parachuting above Vacant NL' deals with experimentation in design education and in real life.

Part I: Surfing on a Sea of Vacancy

Vacant NL enabled RAAAF to shed a new, optimistic light on the Netherlands' vacancy issues. The 'Vacant NL' exhibition inspired many new initiatives from designers, policymakers and market players, and the reuse of vacant

telijke agenda van de Nederlandse overheid. Eén belangrijke boodschap wordt echter onvoldoende opgepikt. Leegstaande publieke en overheidsgebouwen zouden in de tussentijd, namelijk vanaf het moment dat een gebouw leeg komt te staan tot de start van renovatie, sloop of herbestemming, kunnen worden hergebruikt voor economisch relevante innovatie. De overheid heeft een Kennis en Innovatie Agenda (KIA) vastgesteld die Nederland via onderwijs, kennis, innovatie en ondernemerschap tot de wereldtop van kenniseconomieën wil laten horen. Deze nationale ambitie vereist niet alleen excellent onderzoek en onderwijs, maar ook specifieke ruimtelijke condities. Mede door een eenzijdige focus op traditionele economische parameters is daar tot nu toe nauwelijks aandacht aan besteed. Daarnaast is er veel innovatie nodig om bij te kunnen dragen aan oplossingen voor complexe maatschappelijke vraagstukken. Eigenlijk een cultuur van ontwerpen waarin de samenwerking tussen wetenschappers, ontwerpers, kunstenaars, vakliedden, ondernemers en kennisinstituten centraal staat. Door inspirerende leegstaande ruimtes hiervoor tijdelijk beschikbaar te stellen, is er kruisbestuiving en experiment mogelijk. Innovatie ontstaat immers vaak wanneer een probleem vanuit verschillende invalshoeken en verschillende disciplines wordt bekeken. Dit alles biedt concrete aanknopingspunten voor de verdere ontwikkeling van het vakgebied Vacancy Studies.

De potentie van leegstand voor innovatie

Het eerste hoofdstuk verheldert het nieuwe perspectief dat Vacancy Studies biedt. Er wordt uitgebreid ingegaan op zowel de maatschappelijke relevantie als de relevantie van de nieuwe ontwerpbenaderingen die in dit boek aan bod komen. Er wordt expliciet gemaakt wat de koppeling met de KIA kan opleveren. Conclusies uit ontwerpend onderzoek en analyses van praktijkprojecten van RAAAF, Studio Vacant NL en van andere ontwerpers geven verdieping aan deze visie. Het *Placebook Panorama* (zie pp. 24–27) laat aan de hand van 33 leegstaande gebouwen en de netwerken van zes personen uit verschillende disciplines zien welke rol deze gebouwen hebben gespeeld en vooral wat ze zouden kunnen betekenen in de toekomst.

Dutch Atlas of Vacancy

Hoofdstuk 2 laat aan de hand van de *Dutch Atlas of Vacancy* het oneindige scala aan tijdelijke gebruiksmogelijkheden van leegstaande gebouwen zien. Het is bijzonder dat er een overvloed bestaat aan ruimtes die niet eenvormig zijn maar juist heel divers, doordat de gebouwen, zoals een vuurtoren, kerk of fort, ooit voor een specifiek gebruik ontworpen zijn. Precies deze diversiteit

buildings is now one of the Dutch government's top planning priorities. However, one vital message of our vision has still not been picked up: vacant public and government buildings could be reused for economically relevant innovation from the moment they become vacant up to the moment they are renovated, demolished or redeveloped. The government has established a Knowledge and Innovation Agenda (KIA) that aims to use education, knowledge, innovation and entrepreneurship to ensure a leading international role for the Netherlands in the knowledge economy. This national ambition requires not only excellent research and education but also specific spatial conditions. So far, this aspect has hardly received any attention, partly due to a one-sided focus on traditional economic parameters. Furthermore, a great deal of innovation is needed to contribute to addressing complex societal questions: a culture in which design skills and collaboration between scientists, designers, artists, craftsmen, entrepreneurs and centres of expertise are central. Making inspiring vacant spaces temporarily available for this type of collaboration creates opportunities for cross-fertilization and experimentation. After all, innovation is often the result of considering a problem from different angles and from different disciplines. All these aspects provide concrete leads for further development of Vacancy Studies as a field of study.

The Potential for Innovation Offered by Vacancy

The first chapter illuminates the new perspective opened up by Vacancy Studies. Consideration is given to both the societal relevance of temporary reuse of vacancy and the relevance of the new design approaches that are discussed in this book. The benefits of the link with the Knowledge and Innovation Agenda (KIA) are also made clear. Conclusions from design research and analyses of actual projects implemented by RAAAF, Studio Vacant NL and other designers add depth to the vision of using vacancy for innovation. The *Placebook Panorama* (see pp. 24–27) uses 33 vacant buildings and the networks of six people from different disciplines to show the role played by these buildings in the past and, above all, their potential future significance.

The Dutch Atlas of Vacancy

Chapter 2 uses the *Dutch Atlas of Vacancy* to show the endless variety of possibilities for temporary use offered by vacant buildings. What is special is the abundance of extremely diverse rather than uniform spaces because the buildings–lighthouses, churches, fortresses and so on–were once built for specific purposes. Thanks to this diversity, these vacant buildings can provide us with endless possibilities for use or 'affordances'[1]. In addition to

maakt dat deze leegstaande objecten ons oneindig veel 'handelingsmogelijkheden' of 'affordances'[1] bieden. Behalve de eigenschappen van de gebouwen zelf bepaalt de 'creatieve ecologie' in belangrijke mate de kansen voor een bepaald type gebruik. Die zijn voor ieder gebouw anders. Het betreft bijvoorbeeld de relaties met uiteenlopende voorzieningen en kennisnetwerken, zoals de nabijheid van onderwijsinstellingen, bedrijven en de aanwezigheid van mensen of juist de afwezigheid daarvan.

Strategische interventies als ontwerpbenadering

Leegstand is een urgente maatschappelijke opgave die vraagt om een nieuwe analyse- en ontwerpbenadering. Strategische interventies zijn precies gekozen en zorgvuldig ontworpen ingrepen in stad of land die een gewenste ontwikkeling in gang zetten. De gewenste ontwikkeling is in dit geval het benutten van leegstand voor innovatie. Dit vraagt om een nieuwe locatie- en contextspecifieke manier van denken en kijken. De kunst is om kansen op regionaal en nationaal schaalniveau te verbinden met de lokale kwaliteiten. Standaardrecepten voor ontwerp zijn hierbij niet het streven. Om te laten zien hoe deze ontwerpbenadering leidt tot nieuwe concepten en inzichten die in de praktijk inzetbaar zijn, wordt de werkwijze van strategische interventies concreet gemaakt aan de hand van het project Secret Operation 610 (RAAAF | Studio Frank Havermans).

Deel II: Parachutespringen boven Vacant NL

Om Vacancy Studies als vakgebied verder te kunnen ontwikkelen, zijn fundamenteel andere denk- en werkwijzen dringend nodig in zowel de ontwerppraktijk als het onderwijs. Aangezien onderwijs de uitgelezen plek voor experiment is, kan juist hier goed ingespeeld worden op nieuwe vraagstukken. Het Sandberg Instituut (verantwoordelijk voor de masteropleidingen van de Rietveld Academie in Amsterdam) is hierin voorbeeldstellend, omdat het de kans heeft gegrepen om nieuwe actuele opgaven een plek te geven in een hele reeks tijdelijke masters. Studio Vacant NL is hier het eerste resultaat van. Met deze tweejarige opleiding heeft het Sandberg Instituut talentvolle ontwerpers uit diverse disciplines en enkele wetenschappers opgeleid tot specialist in tijdelijk hergebruik van gebouwen, met andere woorden, het is een tijdelijke master over tijdelijk gebruik. Een belangrijk streven van Studio Vacant NL is het ontwerpen voor sequentieel tijdelijk gebruik: het vlot doorverhuizen van gebouw naar gebouw in de zee van leegstand. Vaak is het eenvoudiger om van eigenaren toestemming te krijgen voor kortdurend gebruik dan

1 Affordances zijn handelingsmogelijkheden die de omgeving ons biedt. Zie: Gibson, J.J. (1979) *The ecological approach to visual perception*. Boston: Houghton Mifflin. Zie ook p. 89.

the qualities of a building itself, the 'creative ecology' to a large extent also determines the opportunities for a particular type of use. This varies from one building to another and concerns, for example, a building's relationship with a variety of services and knowledge networks: its proximity to universities and companies, the presence – or absence – of people and so on.

Strategic Interventions as a Design Approach

Vacancy is an urgent societal issue that requires a new way of working: 'strategic interventions' are precisely chosen and carefully designed interventions in a city or landscape that set in motion a 'desired development' – in this case, the use of vacancy for innovation. This requires a new location- and context-specific way of thinking and looking. The key is to link opportunities on a regional or national level with local qualities. Standard recipes for design are not the goal here. In order to illustrate how this design approach can lead to new concepts and insights that can be implemented in practice, the strategic interventions approach is made concrete using the Secret Operation 610 project (RAAAF | Studio Frank Havermans).

Part II: Parachuting above Vacant NL

In order to further develop Vacancy Studies as a discipline, fundamentally different ways of thinking and working are urgently needed in both design practice and in education. Educational institutions are the perfect place for experimentation and they therefore provide excellent conditions to explore new issues. The Sandberg Instituut, which is responsible for the Master's programme at the Gerrit Rietveld Academie in Amsterdam, is exemplary in this regard: it has seized the opportunity to include contemporary, societally relevant issues in a whole series of temporary Master's programmes, the first of which is Studio Vacant NL. The Sandberg Instituut has used this two-year programme to train talented designers from various disciplines and a few researchers as specialists in the temporary use of buildings; i.e. it is a temporary Master's on temporary use. One of Studio Vacant NL's main aims is to develop designs for sequential temporary use: the rapid moving from building to building in the sea of vacancy. It is often easier to obtain an owner's permission for a short-term rather than for a long-term use of a building. Moreover, sometimes in the interim period programmes are viable that would be impossible to fit into a long-term zoning plan. Due to the huge number of available buildings, there is always an endless supply of buildings available

1 Affordances are possibilities for action provided to us by the environment. See Gibson, J.J. (1979), *The Ecological Approach to Visual Perception*. Boston: Houghton Mifflin. See also insert on p. 89.

voor het langdurig opeisen van een gebouw. Bovendien blijken er in 'de tussentijd' programma's mogelijk die onmogelijk zouden passen in een bestemmingsplan voor de lange termijn. Door het enorm grote aantal beschikbare gebouwen is er voor iedereen die bereid is om door te verhuizen te allen tijde een immense voorraad gebouwen beschikbaar. Voor ontwerpers ligt hier een uitdaging om strategieën en tools te ontwikkelen die dit doorverhuizen eenvoudig en spannend kunnen maken.

Vakmanschap in de tussentijd

Hoofdstuk 4 beschrijft hoe de masteropleiding Studio Vacant NL deelnemers met verschillende achtergronden heeft opgeleid tot specialisten in tijdelijk hergebruik. Docent Ester van de Wiel, die meer dan vijftien jaar ervaring heeft met het ontwerpen voor tijdelijk gebruik, beschrijft in dit hoofdstuk hoe de participanten van Studio Vacant NL vanuit eigen fascinaties specifieke ontwerptools en herhaalbare strategieën voor sequentieel tijdelijk gebruik in de tussentijd hebben ontwikkeld. Aan de hand van enkele afstudeerprojecten wordt duidelijk hoe met werkplaatsstages nieuwe ambachten zijn gecreëerd. De mogelijkheid om een op een te testen en te experimenteren in de praktijk was hierbij van groot belang.

Scenario's voor leegstand: Sneeuwwitje 'meets' Moby Dick

Barbara Visser schetst in hoofdstuk 5 acht innovatieve manieren om met leegstaand vastgoed om te gaan. Scenario's die niet bedacht zijn vanuit het idee dat er een oplossing voor een probleem moet worden gevonden, maar vooral vanuit de enorme potentie die de leegstand biedt. Barbara Visser is beeldend kunstenaar en is sinds 2010 betrokken bij Vacant NL. Zij heeft de beste gerealiseerde projecten en ideeën van Studio Vacant NL geselecteerd en licht die in dit hoofdstuk toe. Concepten als de 'Uitgeverij van Leegstand' en 'White Whales' tonen aan dat de beoogde kruisbestuiving tussen architecten, kunstenaars en wetenschappers leidt tot vernieuwende perspectieven op het vraagstuk.

Vergezichten in het witte land

Hoofdstuk 6 presenteert de toekomstvisie van ontwerper Jurgen Bey, directeur van het Sandberg Instituut en initiatiefnemer van Studio Vacant NL. Bey houdt een pleidooi voor leegstand als middel voor kennisontwikkeling. Ook plaatst hij het belang van de potentie van leegstand voor innovatie in het perspectief van het onderwijs. Op het moment dat de leegstaande plekken in de stad als 'witte vlekken' worden gezien die men tijdelijk in gebruik kan nemen voor relevante programma's, ontstaat een wereld met ongekende mogelijkheden. We kunnen onszelf gaan zien als de bouwmeesters van dat witte land.

to anyone prepared to move. This provides a challenge to designers to develop strategies and tools that can make this constant moving simple and exciting.

Designing for Temporary Use as a Profession

Chapter 4 describes how the Studio Vacant NL Master's programme has trained participants from different disciplines as specialists in temporary use. Lecturer Ester van de Wiel, who has over fifteen years of experience in temporary-use design, describes how the Studio Vacant NL participants devised specific design tools and strategies that can be reproduced for sequential temporary use in a building's interim period, based on their own fascinations. A few graduation projects make clear how traineeships can lead to new skills. The opportunity to carry out full-scale experiments in real life was of great importance in this regard.

Scenarios for Vacancy: Snow White Meets Moby Dick

In chapter 5, Barbara Visser briefly describes eight innovative ways to deal with vacant properties. The starting point for these scenarios is that vacancy creates huge potential, rather than seeing it as a problem that needs to be solved. Barbara Visser is a visual artist and has been involved with Vacant NL since 2010. She has selected the most successfully realized Studio Vacant NL projects and ideas and explains them in this chapter. Concepts such as the 'Uitgeverij van leegstand' (Publisher of Vacancy) and 'White Whale' demonstrate that the intended cross-fertilization of ideas from the worlds of art, architecture and science does result in innovative perspectives on this issue.

New Horizons in the Blank Land

Chapter 6 presents designer Jurgen Bey's vision of the future. Bey is director of the Sandberg Instituut and the initiator of Studio Vacant NL. He argues for vacancy as a means of developing knowledge. He also emphasizes the importance of the potential presented by vacancy for innovation in the context of education. Once the vacant places in a city are seen as 'blank spots' that can be used temporarily for specific programmes, a world of unprecedented possibilities opens up. We can start to see ourselves as the architects of that blank land.

3

I

SURFING ON A SEA OF VACANCY
SURFEN OP DE ZEE VAN LEEGSTAND

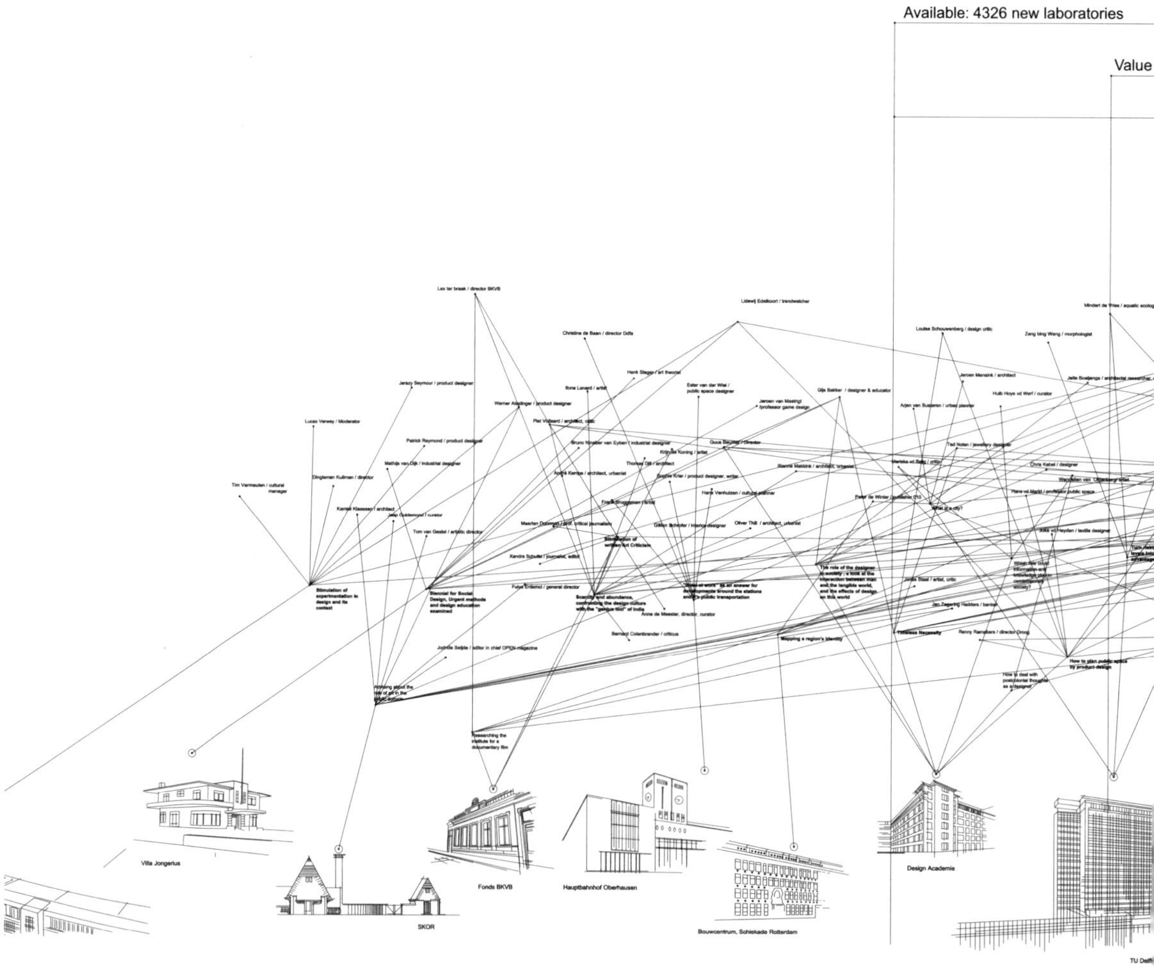
Available: 4326 new laboratories
Value c
Lex ter braak / director BKVB
Lidewij Edelkoort / trendwatcher
Henk Slager / art theorist
Ester van der Wiel / public space designer
Ilona Lenard / artist
Jerszy Seymour / product designer
Werner Aisslinger / product designer
Jeroen van Mastrigt / professor game design
Gijs Bakker / designer & educator
Lucas Verweij / Moderator
Piet Vollaard / architect, critic
Patrick Reymond / product designer
Bruno Ninaber van Eyben / industrial designer
Guus Beumer / director
Mathijs van Dijk / industrial designer
Tim Vermeulen / cultural manager
Dingeman Kuilman / director
Kamiel Klaasse / architect
Jaap Guldemond / curator
Tom van Gestel / artistic director
Hans Venhuizen / cultural planner
Oliver Thill / architect, urbanist
Gillian Schrofer / interior designer
Xandra Schutte / journalist, editor
Fulya Erdemci / general director
Anne de Meester / director, curator
Bernard Colenbrander / criticus
Jorinde Seijdel / editor in chief OPEN magazine
Louise Schouwenberg / design critic
Mindert de Vries / aquatic ecologist
Jeroen Mensink / architect
Arjen van Susteren / urban planner
Ted Noten / jewellery designer
Chris Kabel / designer
Jonas Staal / artist, critic
Renny Ramakers / director Droog
Stimulation of experimentation in design and its context
Biennial for Social Design, Urgent methods and design education examined
Scarcity and abundance, confronting the design culture with the "genius loci" of India
The role of the designer in society; a look at the interaction between man and the tangible world, and the effects of design on this world
Mapping a region's identity
Timeless Necessity
What is a city?
How to plan public space by product design
Researching the institute for a documentary film
Villa Jongerius
SKOR
Fonds BKVB
Hauptbahnhof Oberhausen
Bouwcentrum, Schiekade Rotterdam
Design Academie

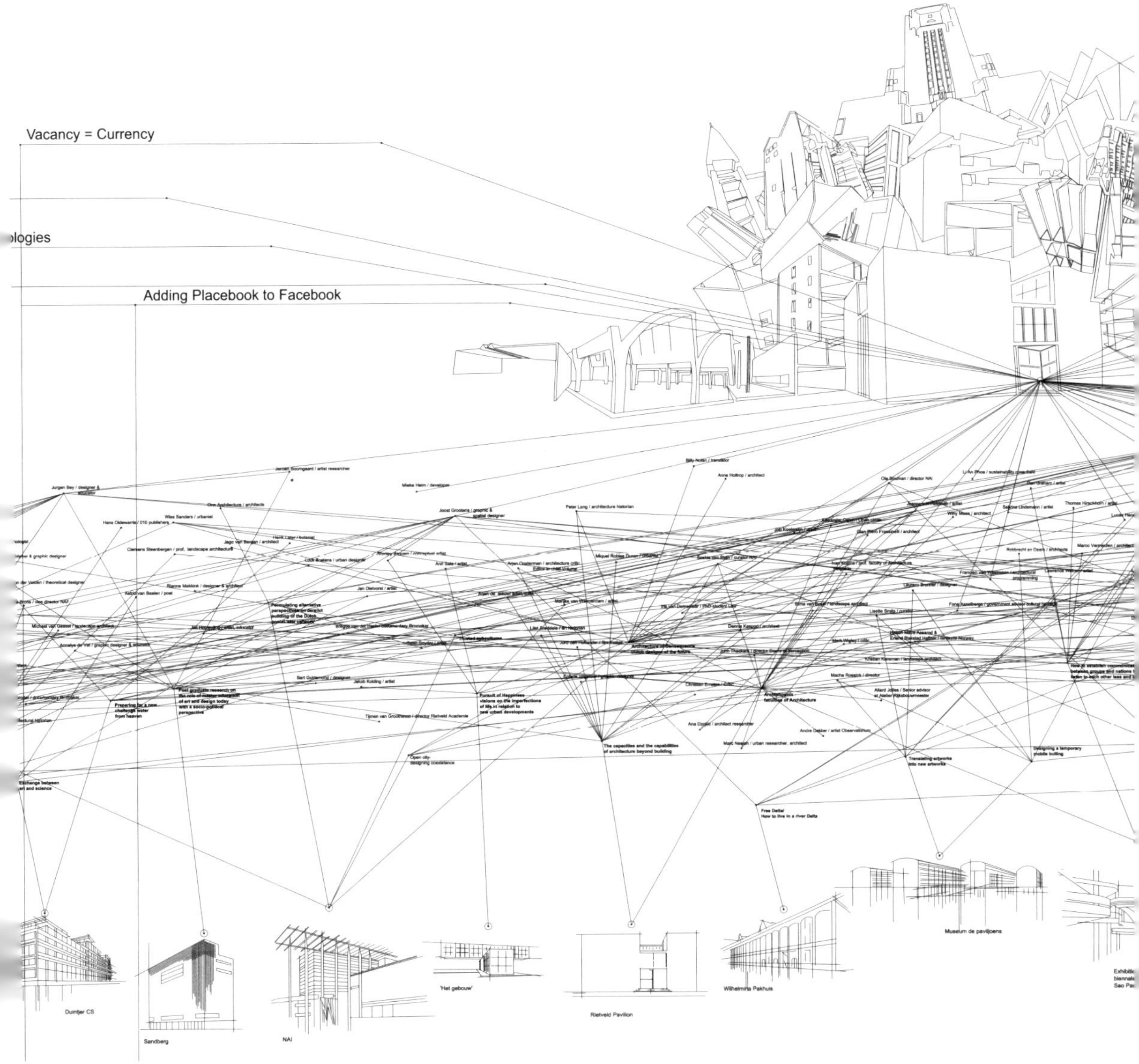
Vacancy = Currency
Adding Placebook to Facebook
Duintjer CS
Sandberg
NAI
'Het gebouw'
Rietveld Pavilion
Wilhelmina Pakhuis
Museum de paviljoens

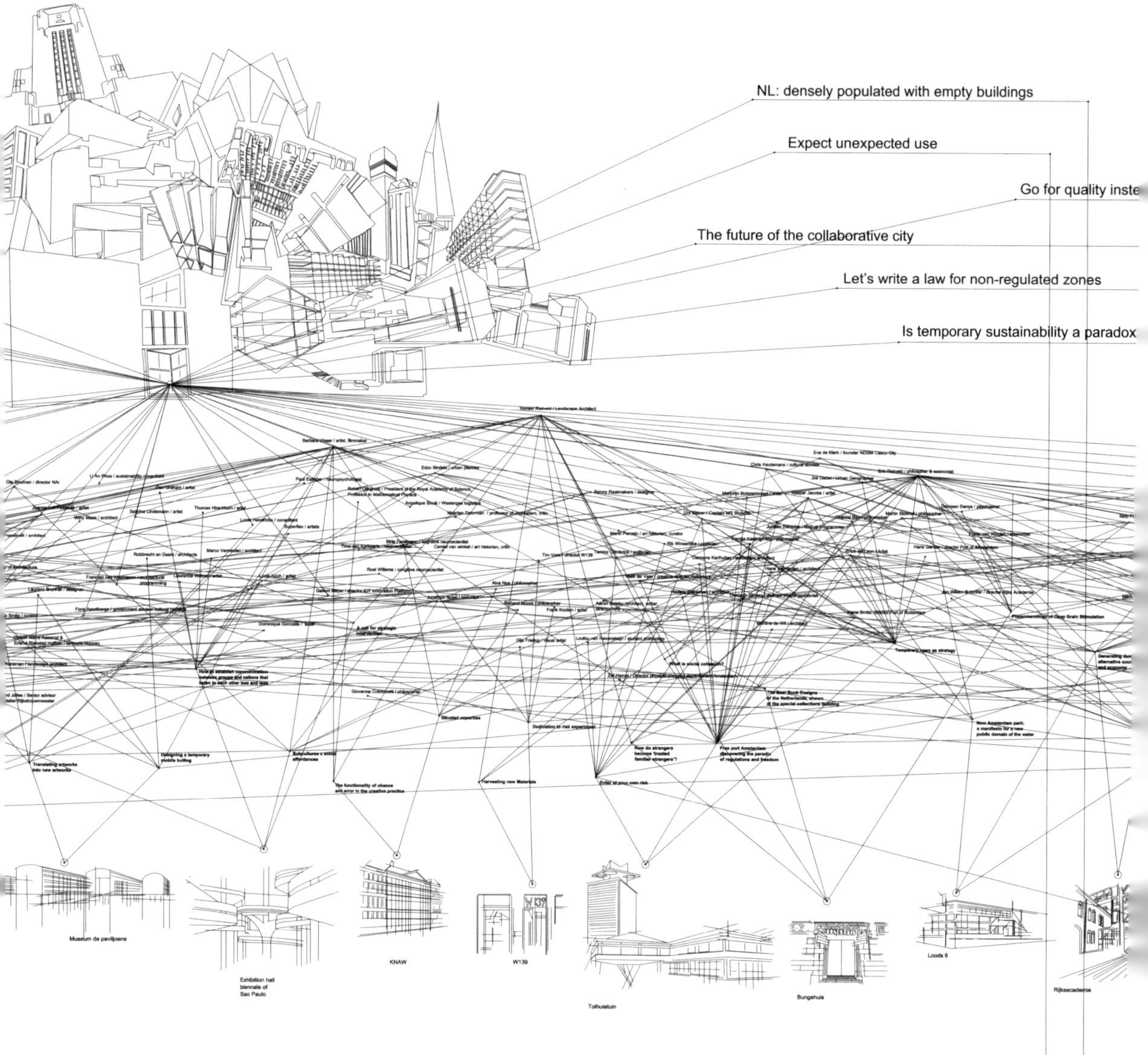
NL: densely populated with empty buildings
Expect unexpected use
Go for quality inste
The future of the collaborative city
Let's write a law for non-regulated zones
Is temporary sustainability a paradox
Museum de paviljoens
Exhibition hall
biennale of
Sao Paulo
KNAW
W139
Tolhuistuin
Bungehuis
Loods 6
Rijksacademie

cracy

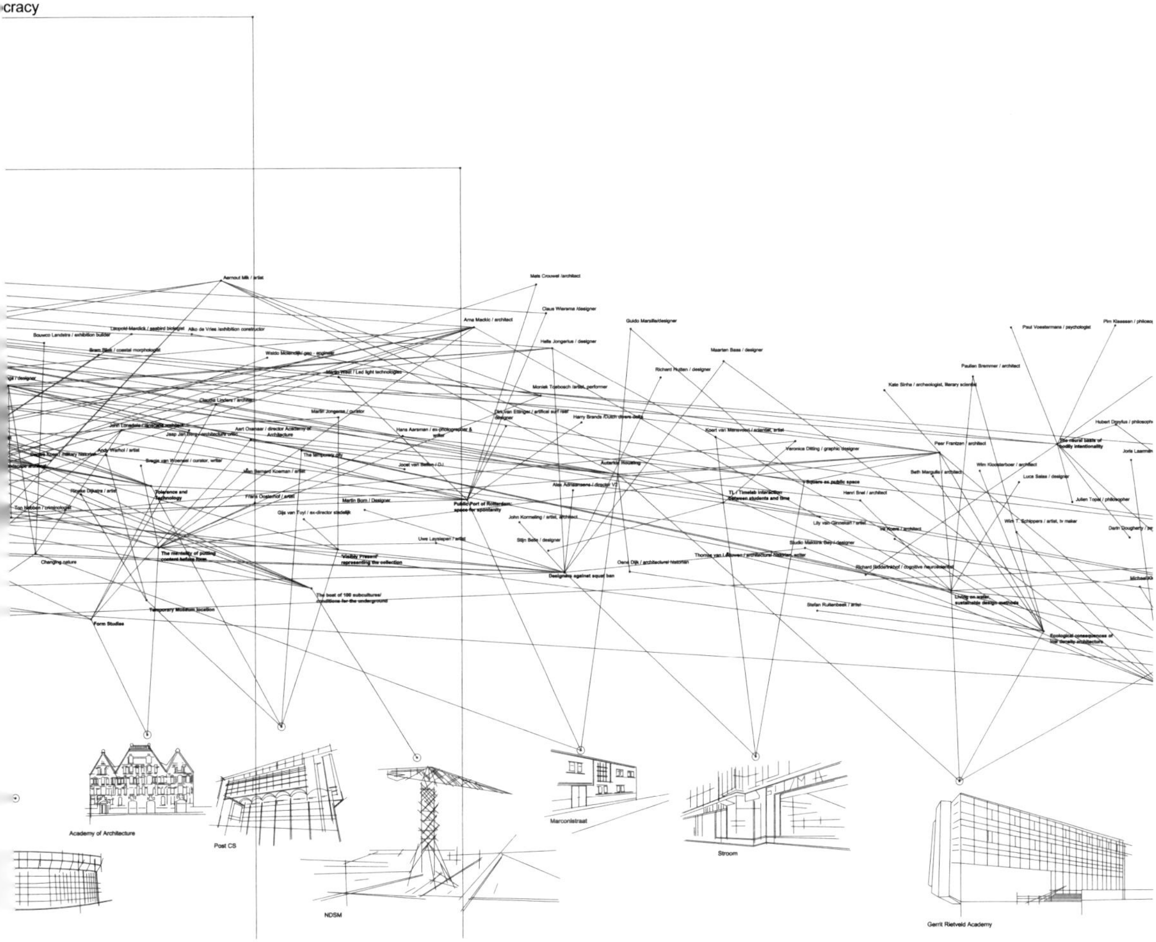

①

Radio Kootwijk

Radio Kootwijk

② ③

Vacant NL installation for the 2010 Venice Architecture Biennale.

Vacant NL op de Architectuurbiënnale van Venetië 2010.

④

Placebook Panorama

Placebook Panorama

1

THE POTENTIAL FOR INNOVATION OFFERED BY VACANCY

DE POTENTIE VAN LEEGSTAND VOOR INNOVATIE

1 De potentie van leegstand voor innovatie

Erik Rietveld en Ronald Rietveld

Op de Architectuurbiënnale van Venetië in 2010 riepen we met de installatie[1] *Vacant NL* overheden, architecten, stedenbouwkundigen en andere ontwerpers op om het enorme potentieel aan inspirerende leegstaande gebouwen uit de 17e, 18e, 19e, 20e en 21e eeuw in Nederland te benutten voor experiment en innovatie. Wij hebben deze visie sindsdien verder ontwikkeld. De nationale overheid heeft de ambitie om Nederland tot de top van kenniseconomieën in de wereld te laten horen. Onze visie neemt deze politieke doelstelling serieus en zet tijdelijk gebruik van leegstaand publiek en overheidserfgoed hiervoor in. Deze ambitie vereist namelijk niet alleen excellent onderzoek en onderwijs, maar vraagt ook om specifieke ruimtelijke condities. Mede door een eenzijdige focus op traditionele economische parameters is hier tot nu toe nauwelijks aandacht aan besteed. Zo kan de waarde van leegstaande gebouwen en terreinen niet enkel uitgedrukt worden in cijfers. Bepaalde effecten zoals bijvoorbeeld een beter leefklimaat, vestigingsklimaat of nachtleven in de stad treden pas op langere termijn op.

Niet alleen de economische groei maar ook de complexe maatschappelijke vraagstukken waarvoor onze samenleving momenteel staat, zoals vergrijzing, gezondheidszorg en milieuopgaven, vragen om innovatie – heel veel innovatie. Eigenlijk om een cultuur van ontwerp waarin samenwerking tussen wetenschappers en creatieve pioniers centraal staat. Een belangrijke vraag is: hoe kunnen we met de inzet van getalenteerde individuen met zowel theoretische als praktische achtergronden gebruikmaken van de unieke kwaliteiten en ruimtelijke condities van leegstaand erfgoed.

Het bescheiden kernteam[2] van Vacant NL omvat met zes personen de disciplines filosofie, landschapsarchitectuur, grafisch en productontwerp, beeldende kunst, economie en fotografie. Beeldend kunstenaar Barbara Visser en RAAAF legden met *Placebook Panorama* (zie pp. 24–27) op basis van de cv's van de betrokkenen vast welk potentieel zij hebben dankzij de accumulatie

1 Het Gerrit Rietveld Paviljoen is de uitgelezen plek voor onze Nederlandse inzending voor de Architectuurbiënnale van Venetië. Het gebouw stond in 2010 al meer dan 39 jaar leeg. Het in 1954 gebouwde paviljoen staat op Nederlands grondgebied en is zo'n 8,5 maand per jaar ongebruikt.

2 RAAAF stelde voor het ontwerp van de installatie een team samen dat bestond uit: Jurgen Bey (ontwerper), Joost Grootens (grafisch ontwerper), Ronald Rietveld (landschapsarchitect), Erik Rietveld (filosoof), Saskia van Stein (projectleider NAi), Barbara Visser (beeldend kunstenaar). Voor de tentoonstellingsbouw waren Landstra & De Vries en Claus Wiersma (ontwerper) verantwoordelijk.

1 The Potential for Innovation Offered by Vacancy

Erik Rietveld and Ronald Rietveld

Our *Vacant NL* installation[1] for the 2010 Venice Architecture Biennale was an appeal to governments, architects, urban planners and other designers to use the huge potential offered by the Netherlands' inspiring vacant buildings from the seventeenth, eighteenth, nineteenth, twentieth and twentyfirst centuries, for experimentation and innovation. Since then, we have developed this vision further. It is the Dutch government's ambition that the Netherlands should be at the forefront of the world's knowledge economies. We take this political goal seriously: we advocate the temporary use of vacant public and government heritage sites. After all, achieving the government's goal will require not only excellent education and research but also specific spatial conditions. Until now, this has received little attention, partly as a result of a one-sided focus on traditional economic parameters. But the value of reusing vacant buildings and sites cannot be expressed in numbers alone; certain effects such as an improved quality of life, a friendly climate for foreign businesses or a vibrant nightlife, only become obvious in the long term.

Economic growth as well as the complex societal issues that our society currently faces, such as an aging population, healthy living and sustainability, all require innovation – a great deal of innovation. In fact, they require a culture in which design skills and collaboration between designers, scientists and creative pioneers play key roles. An important question here is how we can deploy the efforts of numerous talented individuals with both theoretical and practical backgrounds, using the unique qualities and spatial conditions of vacant heritage sites.

Vacant NL's small core team[2] consists of six people from the disciplines of philosophy, landscape architecture, the visual arts, economics, photography, and graphic and product design. In *Placebook Panorama* (see p. 24–27), visual artist Barbara Visser and RAAAF used the team members' curricula vitae to determine their potential contributions in view of their accumulated experience, contacts, and creative and/or research activities. The panorama made relationships between buildings, innovative projects and people tangible and visual. The core team represents an extensive practice of criss-crossing pro-

1 The Gerrit Rietveld Pavilion was the perfect place for our submission on behalf of the Netherlands for the Venice Architecture Biennale. In 2010, the building had been vacant for more than 39 years. The pavilion was constructed on Dutch territory in 1954 and is unused for about nine months of the year.

2 To design the installation, RAAAF put together a multidisciplinary team consisting of: Jurgen Bey (designer), Joost Grootens (graphic designer), Ronald Rietveld (landscape architect), Erik Rietveld (philosopher), Saskia van Stein (project manager NAi), and Barbara Visser (visual artist). Landstra & De Vries and Claus Wiersma (designer) constructed the exhibition.

van jarenlange ervaring, contacten en creatieve en/of wetenschappelijke activiteiten. Op tastbare en beeldende wijze zijn de relaties gelegd tussen gebouwen, innovatieve projecten en personen. Het kernteam vertegenwoordigt een omvangrijke praktijk van professionele dwarsverbanden en kruisbestuivingen. Indien dergelijke praktijken op grote schaal fysiek gefaciliteerd zouden worden middels toegang tot leegstaande accommodatie, zou dat een enorme rijkdom aan ideeën en nieuwe inzichten kunnen opleveren.

Maar de huidige werkelijkheid is anders. Duizenden publieke en overheidsgebouwen zijn momenteel onbenut. De overheid kiest als eigenaar maar al te vaak voor een defensieve opvulling van de leegte, bijvoorbeeld voor antikraak met als exclusief doel om de leegstaande objecten te beveiligen. Deze gebouwen zouden meestal goed tijdelijk hergebruikt kunnen worden vanaf het moment dat een gebouw leeg komt te staan totdat het gerenoveerd, herbestemd of gesloopt wordt. Wij pleiten voor een meer maatschappelijk relevante omgang met deze publieke en veelal unieke gebouwen.

Leegstaande overheidsgebouwen eerst benutten

Duizenden leegstaande gebouwen zijn als eigendom van de overheid feitelijk collectief bezit. Vaak wordt vergeten dat leegstand ervan de belastingbetaler veel geld kost. Het in onbruik geraakte zendstation Radio Kootwijk (zie p. 7) bij Apeldoorn kost bijvoorbeeld zo'n 200.000 euro per jaar. De voormalige Rijksadviseur voor het Cultureel Erfgoed, Fons Asselbergs, schatte in 2010 dat in elke middelgrote gemeente – en daarvan zijn er zo'n honderd in Nederland – ongeveer vijftig tot tachtig publieke en overheidsgebouwen leegstaan. In totaal zijn dat dus duizenden leegstaande gebouwen. Zo'n duizend militaire bouwwerken en honderden braakliggende terreinen in overheidseigendom zijn hierbij nog niet meegerekend. En de leegstand neemt volgens de statistieken steeds meer toe: een boerderij per dag, twee kerken per week, en een klooster per maand. Tijdelijk hergebruik kan interessante proeftuinen voor innovatie opleveren, bekostigd met het geld dat de gemeenschap nu toch al kwijt is aan 'publieke' leegstand.

De leegstaande gebouwen hebben een grote diversiteit aan ruimtes, omdat ze ooit voor een specifiek gebruik zijn ontworpen: vuurtorens, ziekenhuizen, watertorens, fabriekshallen, vliegvelden, hangars, kantoren, revalidatiecentra, forten, bunkers, scholen, zwembaden en veel meer. Deze unieke gebouwen zijn in een andere tijd gemaakt, waarbij functie, ambachten en materiaalgebruik specifiek waren voor dat moment. Deze gebouwen zijn daarom niet reproduceerbaar. Het is deze diversiteit die maakt dat de leegstaande objecten oneindig veel bijzondere 'handelingsmogelijkheden' bieden. Wan-

fessional connections and cross-fertilization. If such practices of cross-fertilization were physically enabled and supported on a large scale by making vacant properties accessible, it could result in a wealth of new ideas and insights.

But the current reality is different: thousands of public and government buildings are unused. The government, as owner, all too often opts for anti-squatter measures and other forms of defensive occupancy of vacant buildings with the sole aim of securing them. These buildings could often be put to good temporary use from the moment they become vacant until they are renovated, redeveloped or demolished. In short, we advocate a more societally relevant way of dealing with these public – and often unique – buildings.

Use Vacant Government Buildings First

Being government property, thousands of vacant buildings are in fact collectively owned. It is often forgotten that their vacancy costs the taxpayer a great deal of money – the unused Radio Kootwijk (see p. 7) transmission station in Apeldoorn, for example, costs some 200,000 euros a year. In 2010 Fons Asselbergs, a former Government Adviser on Cultural Heritage, estimated that in every one of the Netherlands' approximately one hundred medium-sized municipalities, fifty to eighty public and government buildings are unoccupied. This amounts to thousands of vacant buildings and this number does not even include the approximately one thousand military buildings and the hundreds of government-owned sites lying waste. The statistics make clear that this vacancy is increasing rapidly: one farm per day, two churches a week, and one convent a month. Temporary use can create interesting test beds for innovation, funded with the money that the community is now losing anyway as a result of 'public' vacancy.

The vacant buildings include a great variety of spaces as they were once designed for specific purposes: lighthouses, hospitals, water towers, factories, airports, hangars, offices, rehabilitation centres, fortresses, bunkers, schools, swimming pools and so much more. These unique buildings were constructed in different eras, with function, crafts and the use of materials being time specific. These buildings therefore are *non-reproducible*. Thanks to this diversity, the vacant properties provide exceptional 'affordances'. The irreplaceable possibilities for action offered by vacancy will invite all sorts of experimentation from entrepreneurs (or, more broadly, initiators) with innovative ideas when they are given access to this reservoir of resources.

Temporariness as a Strategy

Experience has shown that redevelopment takes a great deal of time, as zoning plans need to be changed, which can involve endless bureaucratic meet-

neer initiatiefnemers met innovatieve ideeën toegang krijgen tot dit reservoir, daagt dit uit tot een scala aan experimenten.

Tijdelijkheid als strategie

De praktijk leert dat herbestemming enorm veel tijd kost doordat er een verandering van het bestemmingsplan voor vereist is, waarover eindeloos lang kan worden vergaderd. Zo staan bijvoorbeeld op het Hembrugterrein in Zaandam, waar meer dan een eeuw lang munitie, wapens en andere militaire producten werden gemaakt en getest, ruim honderd gebouwen te wachten op herbestemming. Dit is onnodig tijdverlies: er is als het ware een wachttijd voor de gebouwen en een wachttijd voor jonge initiatiefnemers die op zoek zijn naar inspirerende ruimte, vaak met schaarse middelen en beperkte netwerken. Daarom concentreren wij ons op 'de tussentijd': de periode tussen het moment van leegstand van een gebouw en de renovatie, herbestemming of sloop ervan. Met de juiste mensen op de juiste plaats kan zelfs tussentijds gebruik van slechts een week een grote impact hebben.

Tussentijd als proeftuin voor herbestemming

Gebouwen en terreinen uit een vroegere periode bieden unieke faciliteiten en mogelijkheden dankzij de manier waarop ze zijn gemaakt. Vaak is het oorspronkelijke programma waarvoor de gebouwen zijn ontworpen veranderd of verdwenen, denk aan gotische kerken of kastelen. Zulke gebouwen bieden verrassende mogelijkheden voor experiment. Tussentijds en experimenteel hergebruik van gebouwen biedt waardevolle inzichten voor de toekomstige functie. Zo heeft de tussentijdse en experimentele programmering van de Westergasfabriek in Amsterdam laten zien wat het toekomstig gebruik zou kunnen zijn. Na een jaar of drie werd duidelijk dat de tijdelijke invulling ook de beste definitieve bestemming was.

Leegstaand erfgoed gekoppeld aan de kenniseconomie

Kenmerkend voor Vacant NL is de koppeling aan de Kennis en Innovatie Agenda (KIA) van Nederland. Hierin zijn negen 'topsectoren' benoemd: Life Sciences & Health, Agro & Food, Chemie, Creatieve Industrie, Energie, Hightech Systemen en Materialen, Transport en Opslag, Tuinbouw en Uitgangsmaterialen en Water. Deze sectoren zijn vanuit internationaal perspectief bezien economisch sterk en nauw verweven met goede kennisinstellingen. Ze kunnen allemaal een relevante bijdrage leveren aan de complexe vraagstukken waarvoor onze samenleving momenteel staat. Samenwerking tussen wetenschappers en creatieve pioniers is hierbij cruciaal. Met name

ings. At Zaandam's Hembrug area, for example, where munitions, weapons and other military products were manufactured and tested for more than a century, approximately one hundred buildings have been awaiting redevelopment for years. This is an unnecessary loss of time: there is, as it were, a 'waiting period' for the buildings and a 'waiting period' for young initiators in search of inspiring locations, often with only limited means and networks. This is why we focus on 'the interim': the period between the moment a building becomes vacant and its renovation, redevelopment or demolition. With the right people in the right place, even a temporary use lasting only a week can have a great impact.

The Interim as an Opportunity for Redevelopment

Buildings and landscapes from a past era provide unique facilities and opportunities thanks to the way they were constructed. The original socio-cultural practices for which buildings were erected have often changed or disappeared – think of Gothic churches, or castles. Buildings such as these provide surprising opportunities for experimentation. The temporary and experimental use of buildings can also provide valuable insights for their future function, as was the case with Amsterdam's Westergasfabriek: after about three years it became clear that the temporary use was also the best final use.

Linking Vacant Heritage Sites to the Knowledge Economy

Vacant NL is characterized by its link to the Netherlands' Knowledge and Innovation Agenda (KIA), which designates nine 'top sectors': Life Sciences and Health, Agri and Food, Chemicals, Creative Industries, Energy, High Tech Systems and Materials, Logistics, Horticulture and Propagation Materials, and Water. From an international perspective, these sectors are economically strong and they are closely interwoven with renowned centres of expertise such as specialized universities. They can all make a relevant contribution to addressing the complex questions currently facing society. Collaboration between scientists and creative pioneers is crucial here, and interaction with professionals from the design disciplines will be particularly important in relation to spatial conditions. The cross-fertilization of ideas and face-to-face contact between designers, creative experts, scientists and technologists stimulate innovation. After all, innovation often results from considering a problem from different angles and from different disciplines. This insight makes it possible to deal with vacancy in novel ways: a former military airbase, for example, can be used for an aerospace engineering campus where innovative twenty-first-century aviation technology can be tested.

op het gebied van ruimtelijke condities zal interactie met professionals uit de ontwerpdisciplines belangrijk zijn. Kruisbestuiving en face-to-face-contact tussen ontwerpers, creatieve vakmensen, wetenschappers en technologen werken innovatie in de hand. Innovatie ontstaat immers vaak wanneer een probleem vanuit verschillende invalshoeken en vanuit verschillende disciplines wordt bekeken. Vanuit dit inzicht kan er anders worden omgegaan met leegstand. Zo kan een voormalige militaire vliegbasis bijvoorbeeld worden benut voor een luchtvaartcampus waarin het innovatieve vliegen van de 21e eeuw wordt getest.

Kruisbestuiving en experimenteerruimte

We pleiten dus voor kruisbestuiving tussen baanbrekende wetenschap en jonge creatieve ondernemers (of breder: initiatiefnemers), omdat vooral op dit raakvlak innovatie valt te verwachten. Voor wetenschappers is zo'n samenwerking een mogelijkheid om inzichten te testen in de praktijk. Door creatieve pioniers en wetenschappers gezamenlijke werk- en experimenteerruimtes te bieden, wordt het hun gemakkelijker gemaakt om samen te werken, en om kennis, creativiteit en sociale netwerken te delen. Wanneer een architect worstelt met een bepaald vraagstuk, kan een talentvolle jurist die twee dagen per week bij hem in het gebouw aan haar onderzoeksvoorstel schrijft een goede toegang bieden tot een ander relevant professioneel sociaal netwerk.

Een goed praktijkvoorbeeld hiervan is de Open Coop in het Poortgebouw van het voormalige Shellterrein in Amsterdam-Noord. Hier zijn architectuur, Open Data, 3D printen, interaction design, social engineering, kunst en grafisch ontwerp tijdelijk zijn samengebracht op één locatie. De Open Coop vertegenwoordigt een geheel nieuwe manier van ontwikkelen en eigenaarschap. Kruisbestuivingen tussen verschillende disciplines ontstaan hier op een heel spontane manier en leiden aantoonbaar tot vernieuwing. Daarnaast ontstaat in de Open Coop door een intensieve programmering van publieke evenementen (zowel overdag als 's nachts) een uitwisseling van kennis en ideeën tussen talent uit verschillende disciplines.

Betreden op eigen risico

Een veelgebruikt argument om leegstaande gebouwen op slot te houden is veiligheid. Lokale overheden en andere gebouweigenaren proberen vaak iedere vorm van risico te vermijden door regels en voorschriften strikt na te leven. Dergelijk risicomijdend gedrag staat bij voorbaat al nieuwe vormen van (tijdelijk) gebruik in de weg. In plaats daarvan zou de verantwoordelijk-

Cross-fertilization and Experimentation Space

We therefore argue for cross-fertilization between pioneering research and the ideas of creative young initiators or entrepeneurs: it is precisely at this interface that innovation can be expected. For researchers this type of collaboration provides an opportunity to test insights in practice. Providing creative pioneers and researchers with shared work and experimentation spaces makes it easier for them to work together and share their knowledge, creativity and social networks.

When an architect struggles with a particular issue, a talented lawyer who spends two days a week in the same building working on a research proposal can provide him with access to a different, relevant professional and social network.

A successful practical example of this is the Open Coop at Shell's former site in Amsterdam-Noord. Architecture, Open Data, 3D printing, interactive design, social engineering, art and graphic design have been temporarily brought together here in a single location. The Open Coop represents a completely new concept of development and ownership. Cross-fertilizations between different disciplines occur spontaneously here and they demonstrably lead to innovation. Besides this, an intensive programme of public events, both during the day and late at night, ensures that knowledge and ideas are exchanged between talented people from different disciplines.

Enter at Your Own Risk

Security is often used as an argument for locking up vacant buildings. Local authorities and other property owners often try to avoid every possible risk by strictly observing rules and regulations. This risk-averse behaviour hinders all new forms of (temporary) use from the very start. Instead, the responsibility could be left to the users themselves, who usually come up with ingenious solutions to these often very practical problems. Let people enter 'at their own risk'.

Fear of fire is usually one of the greatest obstacles. The *Firemen Walk with Us* installation (see p. 48) draws attention to the government's risk-averse behaviour and, through a proactive collaboration with fire safety experts, demonstrates new possibilities. When a creative fireman is involved in a temporary use, designers can be challenged to come up with innovative design solutions and, for example, try out new materials.

Training Specialists in the Temporary Use of Vacancy for Innovation

There is no doubt whatsoever that over the next decade cities will call upon the temporary help of multi-disciplinary teams of talented young specialists who are able to design and build the impossible. Together with director Jurgen

heid aan de gebruikers zelf gelaten kunnen worden, die meestal met vernuftige ideeën komen om deze, vaak praktische, problemen op te lossen. Laat mensen 'betreden op eigen risico'.

Vrees voor brandgevaar is typisch een van de grote obstakels. De installatie *Firemen Walk With Us* (zie p. 48) agendeert het risicomijdende gedrag van de overheid en laat door proactieve samenwerking met brandveiligheidsexperts nieuwe mogelijkheden zien. Wanneer bij tijdelijk hergebruik een creatieve brandweerman betrokken wordt, kunnen ontwerpers worden uitgedaagd om met innovatieve ontwerpoplossingen te komen en bijvoorbeeld nieuwe materialen uit te proberen.

Opleiding specialisten in tijdelijk gebruik van leegstand voor innovatie
Er is geen twijfel mogelijk dat steden in het komende decennium tijdelijk een beroep zullen doen op multidisciplinaire teams van getalenteerde jonge specialisten die in staat zijn om het onmogelijke te ontwerpen en te bouwen. Samen met directeur Jurgen Bey hebben wij de tijdelijke Master Studio Vacant NL aan het Sandberg Instituut in Amsterdam opgezet, waar deelnemers met verschillende achtergronden worden opgeleid tot specialist in het nieuwe vakgebied Vacancy Studies.

De grote uitdaging voor Nederland is om ontwerpoplossingen te ontwikkelen die aansluiten bij het enorme aantal leegstaande gebouwen. Dit vraagt om een reeks visionaire en onorthodoxe interventies. Het vermogen om jong talent aan te trekken zal in de toekomst steeds belangrijker worden. In heel Europa staan landen voor problemen door de vergrijzing. Een land dat in staat is om getalenteerde jongeren aan te trekken, te huisvesten, te onderwijzen en om te voorzien in hun behoefte aan werk en ontspanning, zal een belangrijk voordeel hebben.

Het pilotproject Vacant Appsterdam speelde daarop in. Appsterdam is een initiatief van app-maker Mike Lee, die onder andere voor Apple en aan de Obama '08-app heeft gewerkt. Het doel van Vacant Appsterdam is bij te dragen aan het scheppen van aantrekkelijke ruimtelijke condities voor duizend tot tweeduizend jonge iPhone app-makers die vanuit heel Europa en de VS naar Amsterdam komen. Zou het mogelijk zijn om het zwaartepunt van deze bedrijfstak van Silicon Valley naar Amsterdam te verschuiven?

Studio Vacant NL realiseerde in 2012 een verplaatsbaar interieur voor Appsterdams internationale hoofdkantoor, dat tijdelijk in industrieel erfgoed op het Westergasfabriekterrein in Amsterdam gevestigd was. In tegenstelling tot wat men zou verwachten van mensen met een digitale professie blijken app-makers elkaar graag face to face te willen ontmoeten. De mees-

Bey, we developed the temporary Studio Vacant NL Master's programme at the Sandberg Instituut in Amsterdam, where students from different disciplines are trained as specialists in Vacancy Studies.

The great challenge for countries such as the Netherlands is to develop design solutions that dovetail with the enormous number of unoccupied buildings. This requires a series of visionary and unorthodox interventions. The ability to attract talented young people will become increasingly important in the future. Throughout Europe, countries are facing the problems resulting from an aging population. A country that is able to attract talented young people and provide them with housing, education, employment and leisure will enjoy a great advantage over the rest.

The Vacant Appsterdam pilot project was a keen response to this. Appsterdam is an initiative of app-maker Mike Lee, who previously worked for Apple and who also worked on the Obama '08-app. Vacant Appsterdam aims to create attractive spatial conditions for between one and two thousand young iPhone app-makers who come to Amsterdam from all over Europe and the United States. Might it be possible to shift the centre of gravity of this industry from Silicon Valley to Amsterdam?

In 2012, Studio Vacant NL realized a mobile interior for Appsterdam's international headquarters, which was temporarily located in Amsterdam's Westergasfabriek industrial heritage site. In contrast to what one might expect of people from the digital profession, it turned out that app-makers enjoy face-to-face meetings. Most of them are in their twenties and come to Amsterdam because of its reputation for tolerance.

Collaboration, the entwinement of work and pleasure, mobility, and sharing knowledge and expertise is almost a matter of course in this community, which wants to transform Amsterdam into Appsterdam. After carrying out a detailed study of this group's behaviour and work rhythms, Studio Vacant NL performed various spatial experiments. Two prototypes were then made, aimed at creating the best conditions for between one and two thousand young app-makers. The first was a dimmed light-dome–these app-makers prefer to work in the dark–where there is no clear distinction between day and night; the second, called 'Sleeping under the desk', was a work place that could be transformed into a place to sleep in the twinkling of an eye.

New Public Domain as a Result of Temporariness

The impact of temporary use can be long term and it can enhance the economic and cultural significance of a city. A perfect example is Post CS (2004–2008), the former post office building next to Amsterdam's Central Station.

ten zijn tussen de 20 en 28 jaar oud en komen vanuit de hele wereld naar Amsterdam vanwege het tolerante karakter van de stad.

Samenwerking, verwevenheid van werk en plezier, mobiliteit en het met elkaar delen van kennis en kunde is bijna vanzelfsprekend in deze gemeenschap, die Amsterdam wil transformeren tot Appsterdam. Na uitvoerige studie van het gedrag en werkritme van deze groep heeft Studio Vacant NL diverse ruimtelijke experimenten gedaan. Om de beste condities te creëren voor duizend à tweeduizend jonge app-makers zijn er twee prototypes bedacht: een verduisterende lichtkoepel, omdat ze graag in het donker werken, waarbij de grenzen tussen dag en nacht vervagen. Het andere prototype heet Sleeping under the desk: een werkplek die je in een handomdraai in een slaapplek kunt veranderen.

Nieuw publiek domein door tijdelijkheid

De impact van tijdelijk hergebruik kan langdurig zijn en kan een grotere betekenis voor de waarde van een stad hebben op zowel economisch als cultureel gebied. Een exemplarisch voorbeeld hiervan is Post CS (2004–2008), het voormalig postgebouw bij het Centraal Station in Amsterdam. Het was voor het eerst in Nederland dat zo'n kolossaal kantoorgebouw werd getransformeerd tot een tijdelijk onderkomen voor een mix van culturele, creatieve en bedrijfsmatige functies. Innovatieve ondernemers zoals modeontwerpers, film-, theater- en mediabedrijven, ontwikkelaars, architectenbureaus en gaming-bedrijven kregen er een plek. Beeldend kunstenaar Maarten Overdijk beschrijft dit als volgt:

'Naast kantoren was er ruimte voor exposities (Mediamatic, W139), een museum (Temporary Stedelijk), horeca en een nachtclub (Club11). (...) Het project werd in korte tijd een begrip in de stad – en daarbuiten. Je zou kunnen zeggen dat er tijdens de periode PostCS een *cultuur* is ontstaan rondom hergebruik van leegstand in de stad. (...) Tijdelijkheid geeft, volgens sommige van de hergebruikers, een impuls tot vernieuwing: je komt regelmatig in aanraking met andere omgevingen, mensen en organisaties. Dit leidt tot nieuwe ideeën en onverwachte verbanden. Mentaliteit is hierin een belangrijke factor: tijdelijkheid benadrukt verandering boven stabiliteit. (...) Voor de sociale dynamiek die in deze periode ontstond, waren publieke *en* semipublieke ruimtes belangrijk. Semipublieke ruimtes dragen bij aan onderlinge interactie en cohesie, en publieke ruimtes trekken met hun programmering mensen van buitenaf.'[3]

3 Beide citaten afkomstig uit: Maarten Overdijk, 'Post-Post CS', een case study voor RAAAF, uitgevoerd in 2011 en 2012.

This was the first time a colossal office building in the Netherlands was transformed into a vibrant temporary accommodation for a mix of cultural, creative and commercial functions. Innovative entrepreneurs such as fashion designers, film, theatre and media companies, developers, architects and gaming companies were all given a spot. Visual artist and socio-cultural psychologist Maarten Overdijk describes it as follows:

'Besides offices, there was room for exhibitions (Mediamatic, W139), a museum (Temporary Stedelijk), restaurants, cafés and a nightclub (Club 11). (. . .) The project quickly became a fixture in the city – and beyond. You could say that during the Post CS period a *culture* developed around the practice of reusing the city's unoccupied properties. (. . .) Temporariness, according to some of the reusers, provides an impulse for renewal: you are in frequent contact with different surroundings, people and organizations, which leads to new ideas and unexpected connections. Mentality is an important factor here: temporariness emphasizes change over stability. (. . .) Both public *and* semi-public spaces were important for the social dynamic that developed in this period. Semi-public spaces contribute to mutual interaction and cohesion, and public spaces, with their programming, attract outsiders.'[3]

According to one of the very first reusers, urban planner Kees van Ruyven,

'The Club 11 restaurant was a place in the Post CS building where you could go with both colleagues and outsiders. It was a place where people could meet, formally and informally. (. . .) Post CS provided plenty of opportunity for chance encounters. Even the hallways played an important role here – sofas were placed there, so people sat and had lunch there, meeting their neighbours and the other people who used the hall in the process.'

These public functions meant that the building became a 24-hour location that provided a 'total experience' for people from inside and outside the building.

The design of the interior of Club 11 was consciously based on the prospect that the period of use would be limited to four years. Design studio Müller van Tol achieved a new, distinctive aesthetic of the temporary that was no longer based on insipid, unpainted pallet constructions, but that nevertheless took into account a use not exceeding four years.

3 This citation and the following: Maarten Overdijk, 'Post-Post CS', a case study conducted for RAAAF in 2011 and 2012.

Stedenbouwkundige Kees van Ruyven, een van de hergebruikers van het eerste uur:

'In PostCS was het restaurant Club11 een plek in het gebouw waar je naar toe kon gaan, zowel met collega's als met mensen van buitenaf. Het was een plek waar mensen elkaar ontmoetten, formeel en informeel. (...) PostCS bood ruime gelegenheid voor toevallige ontmoetingen. Zelfs de gangen speelden hierin een belangrijke rol, hier waren banken neergezet waardoor mensen er gingen lunchen, en daarbij ontmoetten ze hun buren en ganggenoten.'

Door deze publieke functies werd het gebouw een 24-uurslocatie die een totaalervaring bood aan mensen van binnen en van buiten het gebouw.

In het ontwerp van het interieur van Club 11 was specifiek rekening gehouden met het feit dat de gebruiksperiode beperkt zou blijven tot vier jaar. Ontwerpstudio Müller van Tol, verantwoordelijk voor het ontwerp, bereikte een eigen, nieuwe esthetiek van tijdelijkheid, die niet langer ongeverfde, houtje-touwtje 'palletbouwsels' als vorm had, maar bij de materiaalkeuze wel in het achterhoofd hield dat het gebruik na vier jaar voorbij zou zijn. Er was bewust ontworpen voor een bepaalde periode.

Sequentiële tijdelijkheid

Vaak wordt gedacht dat de impact van tijdelijk hergebruik snel vervliegt. Bij tijdelijk gebruik staat immers vast dat de gebruikers het gebouw op een gegeven moment moeten verlaten. Maar wanneer tijdelijk hergebruik bijdraagt aan een goed publiek domein kan het ervoor zorgen dat meerdere gebruikers doorverhuizen naar een ander tijdelijk leegstaand gebouw. Wanneer op een dergelijke manier – het doorverhuizen van gebouw naar gebouw – wordt omgegaan met leegstand, is er sprake van *sequentiële tijdelijkheid*. Er ontstaat een hele reeks van periodes van tijdelijk gebruik die samen wel degelijk een impact op lange termijn kunnen hebben.

Een voorbeeld van sequentiële tijdelijkheid vinden we in de Post CS-casus. Anticiperend op de sloop van dat gebouw besloot een aantal gebruikers om samen naar een andere tijdelijke plek in Amsterdam te verhuizen: Duintjer CS. Men wilde bij elkaar blijven omwille van de gemeenschap en de samenwerkingen die waren ontstaan. Wederom werd een reusachtig kantoor tijdelijk getransformeerd tot een vitaal gebouw dat ruimte bood aan meer dan honderd bedrijven uit verschillende disciplines. Een andere groep verplaatste zich naar de leegstaande voormalige Trouw-drukkerij aan de andere kant van de stad. Door de dikke muren en het kale beton bleek het een ideale lo-

New aesthetic for Club 11 and Trouw, design by Studio Müller van Tol .
Nieuwe esthetiek voor Club 11 en Trouw, ontwerp door Studio Müller van Tol.

catie voor inmiddels een van Amsterdams populairste nachtclubs (Trouw). Bovendien bood het ruimte (De Verdieping) aan allerlei programma's op het gebied van kunst, architectuur en wetenschap. Weer een andere groep verhuisde door naar het voormalige Stork-terrein en ontgon daar oude fabriekshallen. Door het steeds opnieuw verhuizen van getalenteerde individuen en kleine ondernemingen met zowel theoretische als praktische achtergronden ontstaan er 'knowmadische' uitwisselingen tussen de vele leegstaande gebouwen. De geschiedenis van Post CS laat zien dat sequentiële tijdelijkheid op lange termijn een grote betekenis kan hebben voor de stedelijke ontwikkeling.

Conclusie

De visie 'gebruik leegstaand erfgoed voor innovatie' gaat over het vinden van nieuwe economische en maatschappelijke waarde voor leegstaande publieke gebouwen in stad of land. Het kan tot een bloeiende creatieve ecologie leiden en een gunstig vestigingsklimaat voor getalenteerde individuen met verschillende achtergronden. Goede ruimtelijke condities zijn van onschatbare waarde voor het internationaal aantrekken en vasthouden van talent.

Sequential Temporariness

It is often thought that the impact of temporary use is ephemeral. After all, temporary use implies that the users of a building must definitely vacate it sooner or later. But when temporary use successfully contributes to a well-functioning public domain, several users might then move on to another temporarily vacant building. When vacancy is dealt with in this way (moving from building to building to building), we refer to it as '*sequential temporariness*': a series of periods of temporary use develops that, together, can have a considerable impact in the long term.

The Post CS case is an example of sequential temporariness. Anticipating the demolition of that building, a number of users decided to move together to yet another temporary location in Amsterdam, Duintjer CS. They wanted to stay together to keep the community intact and continue the collaborations that had developed. Again, a huge office building was transformed into a building bustling with activity that provided accommodation for more than a hundred companies from different disciplines. Another group moved to the vacant former printing premises of the *Trouw* newspaper on the other side of the city. The thick walls and bare concrete turned out to be an ideal location for what became one of Amsterdam's most popular nightclubs, Trouw. Moreover, it provided a space called De Verdieping (literally, The Deepening), a reference to the newspaper's claim to provide in-depth news coverage; all sorts of art, architecture and academic programmes were held here. Yet another group moved to the former Stork premises and developed the old factory halls. The constant moving of talented individuals and small businesses with both theoretical and practical backgrounds creates 'knowmadic' exchanges between the many empty buildings. The history of Post CS demonstrates that sequential temporariness can be of great importance for urban development in the long term.

Conclusion

The vision for using vacant heritage sites for innovation is about finding new economic and societal value for empty public buildings in the city or in landscapes. It can result in a flourishing creative ecology and create a favourable location for talented individuals from different disciplines to establish themselves. Favourable spatial conditions are invaluable for attracting and keeping international talent.

1

①
Vacant NL installation for the 2010 Venice Architecture Biennale.
Vacant NL op de Architectuurbiënnale van Venetië in 2010.

②
Firemen Walk with Us by RAAAF opposes the risk-averse behaviour of local authorities and shows new possibilities.
RAAAF's *Firemen Walk* with *Us* agendeert risicomijdend gedrag van de lokale overheid en laat nieuwe mogelijkheden zien.

2

THE *DUTCH ATLAS OF VACANCY*
DUTCH ATLAS OF VACANCY

2 *Dutch Atlas of Vacancy*

Erik Rietveld en Ronald Rietveld

De vele leegstaande publieke en overheidsgebouwen bieden een overvloed aan ruimtes. Bijzonder is dat die niet uniform zijn maar juist heel divers, omdat de gebouwen ooit voor een specifiek gebruik zijn ontworpen: vuurtorens, ziekenhuizen, watertorens, fabriekshallen, vliegvelden, hangars, kantoren, revalidatiecentra, forten, bunkers, scholen, gevangenissen, zwembaden en veel meer. De *Dutch Atlas of Vacancy*, die onderdeel was van de tentoonstelling 'Vacant NL' in Venetië en ontworpen door Studio Joost Grootens, toont een oneindig scala aan tijdelijke gebruiksmogelijkheden van deze unieke plekken. De gebouwen staan vaak op zeer goede locaties midden in de stad of in het landschap. Als creatieve pioniers toegang krijgen tot dit reservoir aan leegstand, daagt dit uit tot een scala aan experimenten.

De atlas toont een uitgebreide en specifieke analyse van deze gebouwen op verschillende schaalniveaus. Relevante aspecten hierbij zijn:

Unieke kwaliteiten en gebruiksmogelijkheden van een gebouw of terrein
Voor welk specifiek type gebruik is een gebouw geschikt als je uitgaat van de eigen kenmerken ervan? Erfgoed heeft vaak unieke gebruiksmogelijkheden of affordances, zoals bijvoorbeeld de mogelijkheid om de hoogte in te gaan (in watertorens, vuurtorens en kerktorens) of om vuur te maken (in oude ovens van fabrieken bijvoorbeeld). In een leegstaande drukkerij met dikke muren kan je midden in de stad 150 decibel geluid produceren zonder dat de buren daar last van hebben. Zo'n plek is bijvoorbeeld geschikt voor een houtzagerij, metaalwerkplaats of muziekstudio. Of misschien ligt het gebouw niet midden in de stad maar juist erbuiten en valt het binnen een bijzondere hinderwetzone. Denk hierbij aan zeehavens of industriële terreinen waar chemicaliën en milieubelastende stoffen gebruikt kunnen worden. Of aan gebieden waar men vliegexperimenten mag doen.

Architectonische en cultuurhistorische kwaliteiten
Locatiebezoek en een zorgvuldige analyse van plattegronden en doorsneden geven inzicht in de architectonische kwaliteiten en constructieve mogelijkheden van een gebouw. Omdat bij leegstandsopgaven gereageerd moet worden op een bestaand object is het van belang te begrijpen waarom de plek in de loop der tijd is geworden zoals die is. Bij een bestaande ruimte is het belangrijk om de sfeer ervan in het echt te ervaren. Daarnaast is cultuurhisto-

2 The *Dutch Atlas of Vacancy*

Erik Rietveld and Ronald Rietveld

The many vacant public and government buildings provide an abundance of spaces. The interesting thing about them is that they are not uniform but in fact very diverse because they were once designed for specific purposes: lighthouses, hospitals, water towers, factories, airports, hangars, offices, rehabilitation centres, fortresses, bunkers, schools, prisons, swimming pools and so many more. The *Dutch Atlas of Vacancy*, which was part of the 'Vacant NL' exhibition in Venice and designed by Studio Joost Grootens, shows the infinite range of possible temporary uses for these unique places. The buildings are often situated in very good locations in city centres or landscapes. If creative pioneers are given access to this sea of vacancy, it challenges them to a range of experiments.

The atlas presents an extensive and specific analysis of these buildings on different scale levels, taking into account the following aspects:

The unique qualities of, and possibilities for use offered by, a building or site

Based on a building's particular characteristics, what specific type of use is it suited to? Heritage sites often provide unique possibilities for use or affordances: utilizing a building's height (in the case of water towers, lighthouses and church spires); lighting fires (ovens of factories); exploiting the thick walls of an empty, city-centre printing works to produce 150 decibels of noise without bothering the neighbours, or exploring the possibility of using it as a sawmill, foundry or recording studio. A heritage site might not be located in the city centre but on its outskirts, where it is subject to exceptional nuisance and pollution regulations – a port, or an industrial area where chemicals and other hazardous substances are permitted. It might even be an area where aviation experiments can be conducted.

Architectural and cultural-historical qualities

Visiting locations and a meticulous analysis of maps and cross-sections provide insights into a building's architectural qualities and structural possibilities. A vacancy assignment involves dealing with an existing object, and it is therefore important to understand why a place has become what it is in the course of time. Actually experiencing the atmosphere of an existing space is vital, as is cultural-historical archival research in order to understand the rationale underlying a building's architecture and its past function: what

risch archiefonderzoek belangrijk om de beweegredenen achter de architectuur en de functie van het gebouw in beeld te brengen. Welke rol speelde het gebouw in de samenleving op verschillende momenten in het verleden? Waarom heeft het een eventuele monumentenstatus gekregen? Welke betekenisvolle verhalen zijn er? Welke rol speelt het gebouw momenteel?

Ruimtelijke en fysieke condities van het gebouw en de directe omgeving
Het is belangrijk om pragmatische aspecten in kaart te brengen, omdat ze randvoorwaardelijk zijn voor het type interventie in de tussentijd. Hoe groot is het vloeroppervlak en de inhoud van het gebouw? Hoeveel laad- en losplekken zijn er? Is het gebouw waterdicht? Zijn er gevaarlijke plekken, zoals gaten in vloeren, ruimtes met gevaarlijke stoffen of materialen zoals asbest? Is het gebouw aangesloten op gas, water, elektriciteit en riool? Is het een beschermd monument? Is er bruikbare buitenruimte rondom het gebouw aanwezig?

Creatieve ecologie
Elk gebouw heeft een context. Naast de eigenschappen van de gebouwen zelf worden de kansen voor een bepaald type gebruik in belangrijke mate door deze context bepaald. Zo heeft een gebouw in Amsterdam heel andere mogelijkheden dan eenzelfde gebouw in Berlijn zou hebben. Voor kennisontwikkeling is het van belang om te kijken naar de 'creatieve ecologie', het kennisnetwerk waarbinnen het gebouw of terrein een bepaalde positie heeft. Een goede analyse daarvan kan bijdragen aan het vinden van een interessant, locatiespecifiek programma. Belangrijk hierbij zijn de geografische ligging in de stad en de relaties met uiteenlopende voorzieningen en kennisinstituten. Denk aan de nabijheid van onderwijsinstellingen, interessante bedrijven, goede horeca, gespecialiseerde boekhandels, openbaar vervoer en de aanwezigheid of juist afwezigheid van mensen in de buurt. Welke relevante voorzieningen zitten er in de directe omgeving van het gebouw? Hoelang is het fietsen naar het station of naar de belangrijkste boekhandels? Op welke afstand zit de bouwmarkt? Is er een zeehaven of vliegveld in de buurt?

Het volgende voorbeeld uit de *Dutch Atlas of Vacancy* (zie p. 74) toont aan wat een analyse van de creatieve ecologie kan opleveren:
Het Westelijk Havengebied in Amsterdam heeft een grote hoeveelheid leegstaande ruimtes. Niet alleen gebouwen, maar ook veel terreinen en enkele havenbekkens. Amsterdam heeft een traditie van vrijplaatsen langs het IJ. In de jaren negentig vonden allerlei (sub)culturele initiatieven hier goedkope plekken om te experimenteren. Dit was een voedingsbodem voor een kunstscène

role did the building play in society at different points in the past? Why was it designated as a heritage site? Are there significant narratives? What is the building's current role?

Spatial and physical conditions of the building and its immediate surroundings

It is important to clearly indicate practical aspects because they are pre-conditions for the type of temporary interventions that are possible. What are the building's surface area and volume? How many loading and unloading bays are there? Is the building watertight? Are there dangerous places such as holes in the floors, areas with hazardous substances or materials such as asbestos? Is the building connected to the gas, water, electricity and sewerage mains? Is it a listed monument? Is the building surrounded by usable outdoor areas?

Creative ecology

Apart from the qualities of a building itself, every building has a *context* that largely determines its possibilities for particular types of use: the potential uses for a building in Amsterdam, for example, would be completely different for an identical building in Berlin. For the development of knowledge, it is important to consider a building's 'creative ecology', the knowledge network within which a building or plot of land occupies a particular position. A clear analysis of this creative ecology can contribute to identifying and developing an interesting, location-specific programme. In this regard, a building's geographical location in a city and its position in relation to various facilities and centres of expertise are important – things like the proximity of universities and other educational institutions, interesting companies, good cafés and restaurants, specialist bookshops, public transport and the presence – or absence – of people in the neighbourhood. Which relevant facilities are located in the direct vicinity of the building? How long does it take to cycle to the railway station or to the most important bookshops? How far away is the do-it-yourself shop? Is there a port or an airport nearby?

The following example from the *Dutch Atlas of Vacancy* (see p. 74) demonstrates how fruitful an analysis of the creative ecology can be.

Amsterdam's Westelijk Havengebied (western harbour area) has a large number of vacant spaces – not only buildings but also many plots of land and a few large docks. Amsterdam has a tradition of free zones along the IJ lake that provided cheap accommodation for all sorts of (sub-) cultural initiatives in the 1990s. They, in turn, provided fertile ground for an internationally

en nachtleven van internationale betekenis. Vergeleken met een creatieve metropool als Berlijn heeft Amsterdam momenteel weinig goedkope experimenteerruimte. Regels op milieu- en veiligheidsgebied vormen een belemmering voor reguliere planning en woningbouw in de haven. Maar zulke 'hindercontouren' scheppen paradoxaal genoeg de unieke condities voor een creatieve vrijstaat. In deze zeehaven vlak achter het Westerpark kun je bijvoorbeeld 24 uur per dag lawaai maken en gelden geen hoogtebeperkingen. Kortom, de vele regels kunnen in een voordeel worden omgezet. In de haven kan wat nergens anders kan!

renowned nightlife and art scene. Currently, Amsterdam has little cheap space for experimentation when compared to a creative metropolis like Berlin. Health and environmental regulations create obstacles for normal planning and housing construction in the port. Paradoxically, however, these very 'obstacle contours' create the unique conditions for a creative 'free state': in this international port, just behind Westerpark and near the city centre, one can make noise 24 hours a day and there are no height restrictions. The many rules and regulations have been turned into an advantage – it is possible to do things in the port that are impossible anywhere else!

DUTCH ATLAS OF VACANCY

①

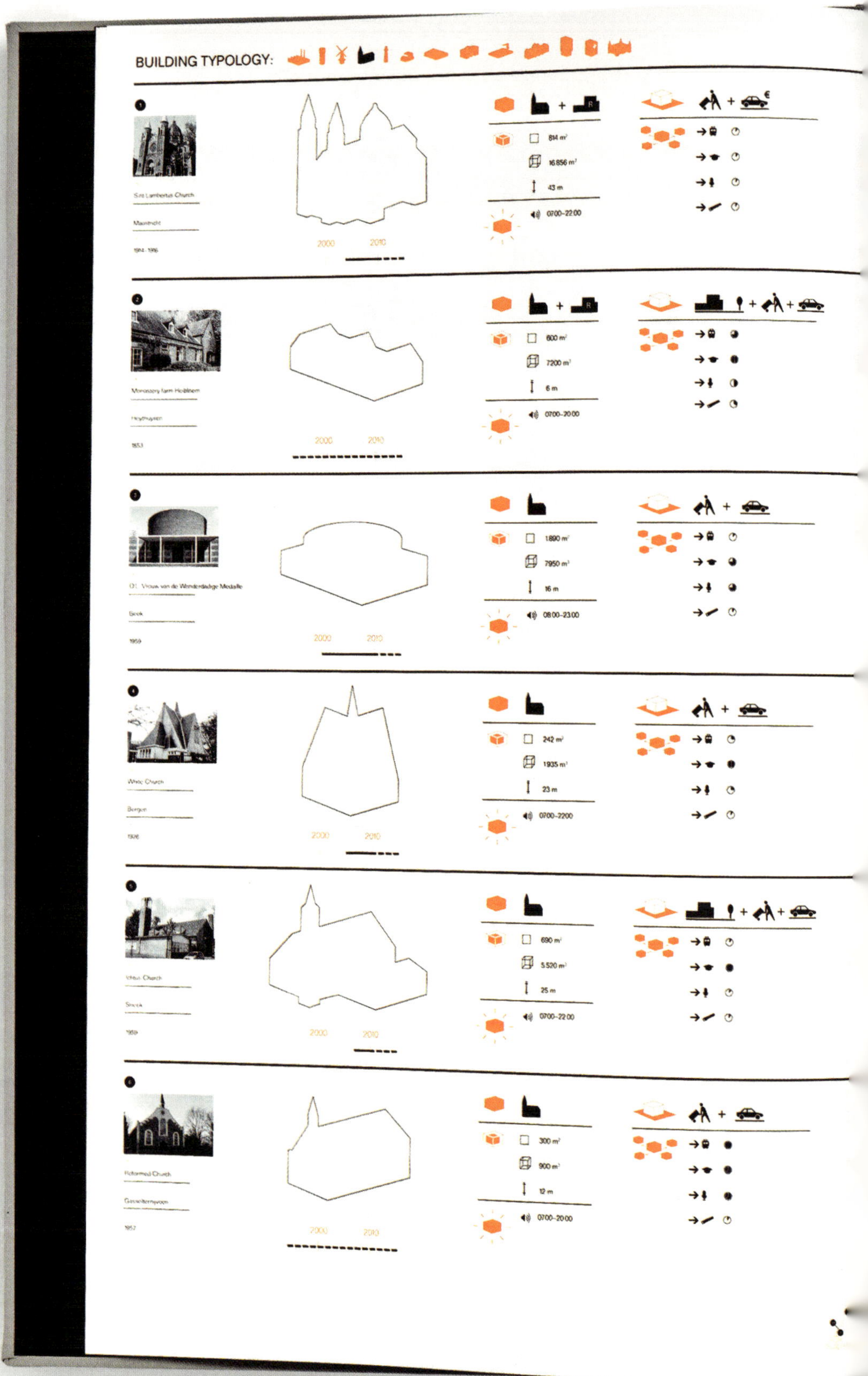
BUILDING TYPOLOGY:
814 m²
16 856 m³
43 m
0700–2200
2000
2010
600 m²
7200 m³
6 m
0700–2000
1890 m²
7950 m³
16 m
0800–2300
1959
242 m²
1935 m³
23 m
0700–2200
White Church
690 m²
5520 m³
25 m
0700–2200
300 m²
900 m³
12 m
0700–2000

2

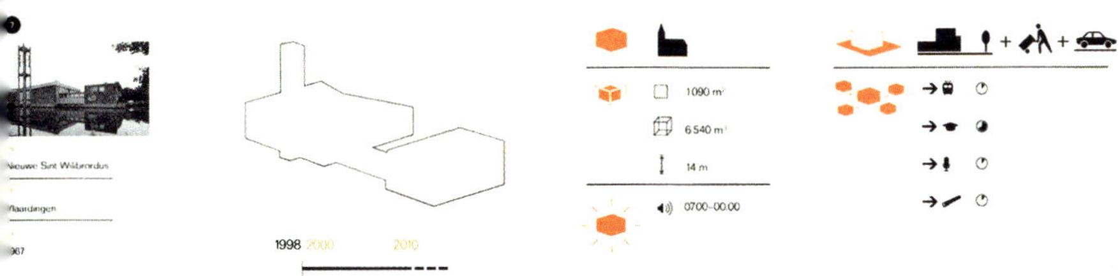
Nieuwe Sint Willibrordus
laardingen
967
1998 2000 2010
1090 m²
6 540 m³
14 m
0700–00.00

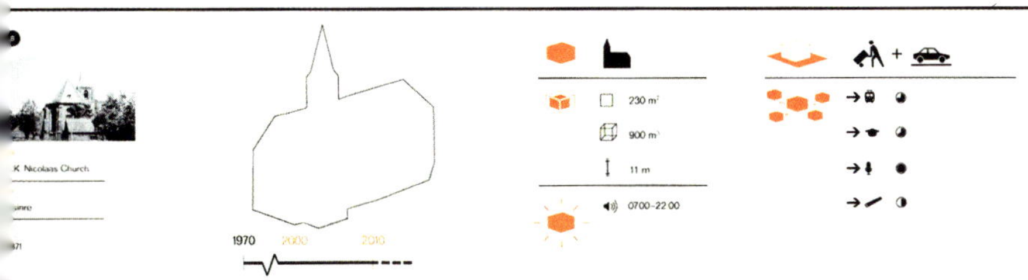
K Nicolaas Church
971
1970 2000 2010
230 m²
900 m³
11 m
0700–22.00

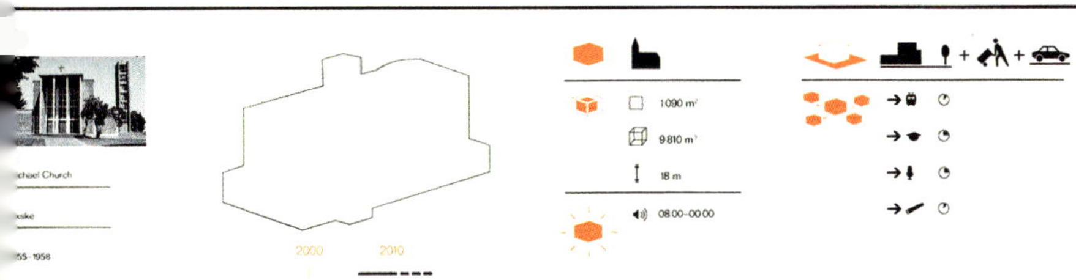
chael Church
55–1956
2000 2010
1090 m²
9 810 m³
18 m
08.00–00.00

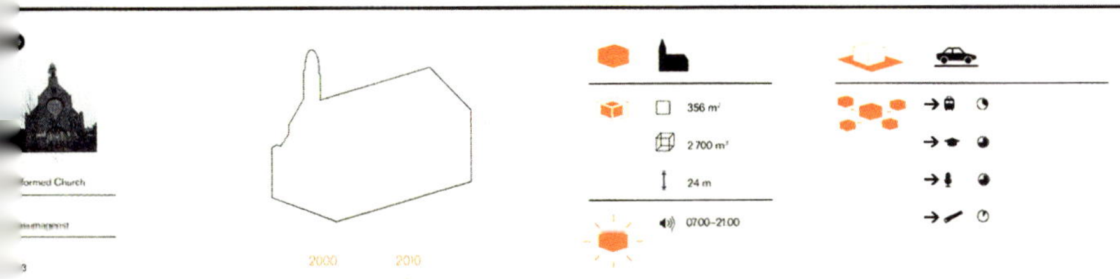
formed Church
2000 2010
356 m²
2 700 m³
24 m
0700–21.00

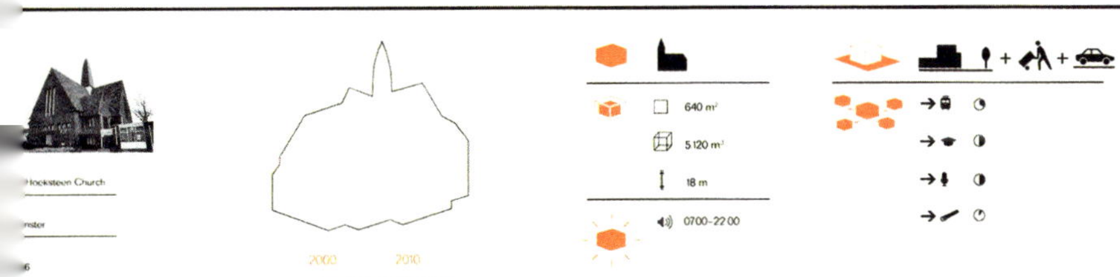
Hoeksteen Church
nster
2000 2010
640 m²
5 120 m³
18 m
0700–22.00

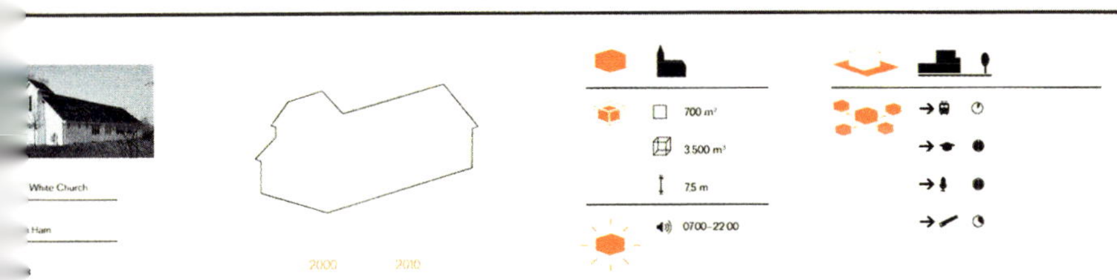
White Church
Ham
2000 2010
700 m²
3 500 m³
7.5 m
0700–22.00

CONDITION OF USE:
1
Boilerhouse and Machineroom
Boekelo
1888
2
Straw board factory
Scheemda
1900
1968
3
Former Horticulture Holding
Hoogezand Sappemeer
4
Brickworks factory Emptepol
Westervoort and Duiven
1985
9
Open air theater de Lichtenberg
Weert
1961
1987
10
Swimming pool de Heijplaat
Rotterdam
1970
11
MMC Donderen
Donderen
1961
12
Shore Battery
Durgerdam
1803
1959
17
Bollenschuur van Zanten
Hillegom
1928
1987
18
Mill stump
Milsbeek
1923
1974
19
De Zeeland
Bergen op Zoom
1917
1952
20
Bollenschuur van Haaster
Noordwijkerhout
25
Fort Nigtevecht
Nigtevecht
1890
1987
26
Fort Uitermeer
Uitermeer
1859
1994
27
Fort Dirks Admiraal
Den Helder
1811
28
Munitionunderstand
Den Helder

3

t Abcoude

coude

7

6

Defence island

Woerden

1873

7

Milk factory Eemlandia

Bunschoten

1918

1997

8

Bruynzeel factory

Zaandam

1920

th's working place

men

14

Silo

Silvolde

1959

15

Potato flour factory

Zuidwending

1893

16

Green fodder kiln

Dronten

—

d factory

hen

22

Textile factory van Heek

Losser

1926

23

Brick factory

Panningen

1909

1989

24

Soap factory Rohm en Haas

Amersfoort

1885

A factory

beek

30

Flour factory

Leiden

1883

1988

31

MC Wanroy

Wanroy

—

32

Lunetten barracks

Vught

1942

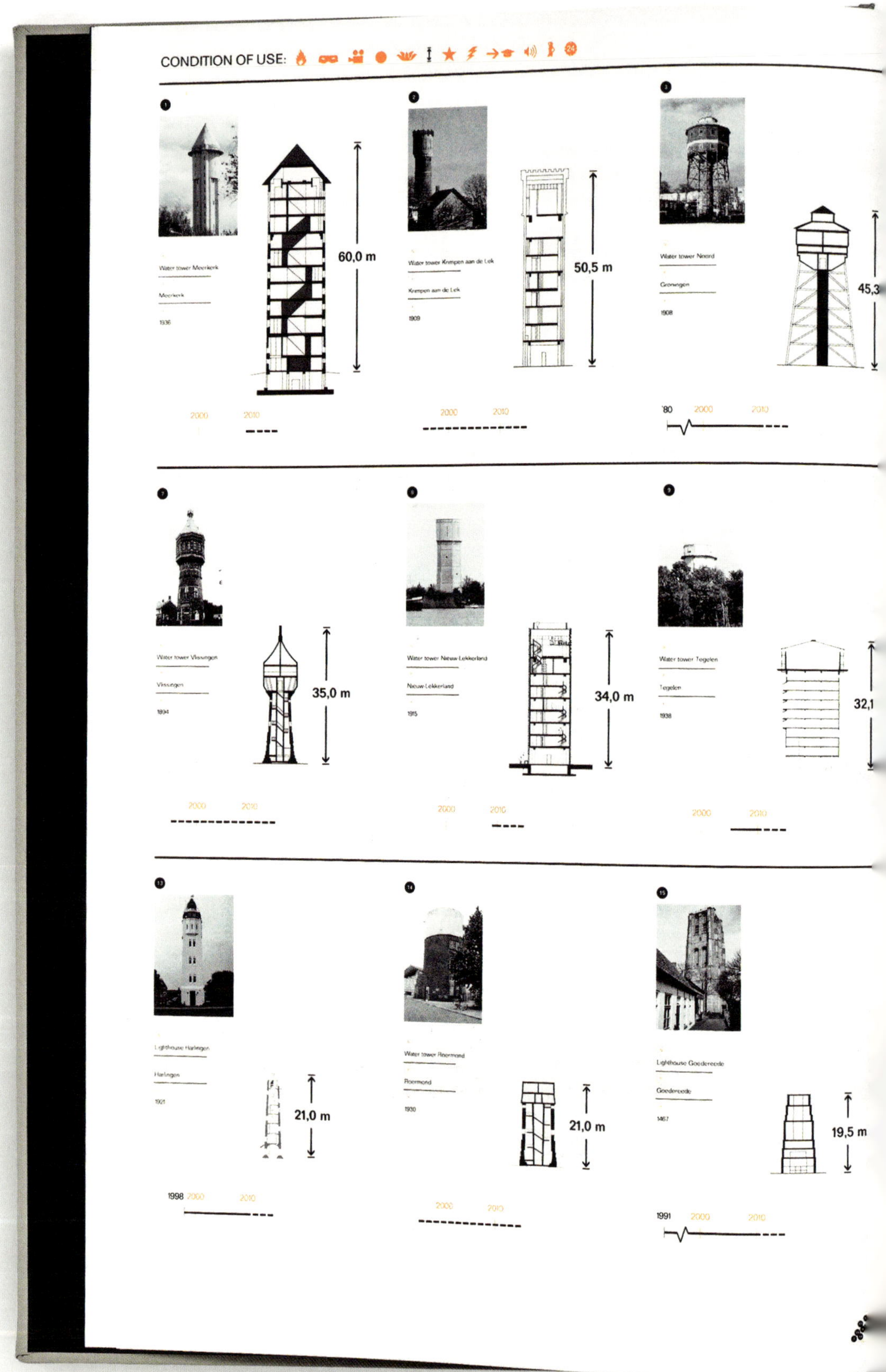
CONDITION OF USE:
Water tower Meerkerk
Meerkerk
1936
60,0 m
2000
2010
Water tower Krimpen aan de Lek
Krimpen aan de Lek
1909
50,5 m
2000
2010
Water tower Noord
Groningen
1908
45,3
'80
2000
2010
Water tower Vlissingen
Vlissingen
1894
35,0 m
2000
2010
Water tower Nieuw-Lekkerland
Nieuw-Lekkerland
1915
34,0 m
2000
2010
Water tower Tegelen
Tegelen
1938
32,1
2000
2010
Lighthouse Harlingen
Harlingen
1921
21,0 m
1998
2000
2010
Water tower Roermond
Roermond
1930
21,0 m
2000
2010
Lighthouse Goedereede
Goedereede
1467
19,5 m
1991
2000
2010

…r tower Brielle

…lle

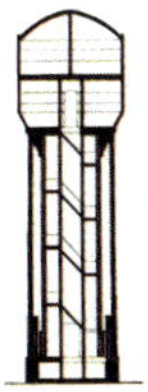

40,5 m

…4 2000 2010

5

Water tower Vlaardingen

Vlaardingen

1955

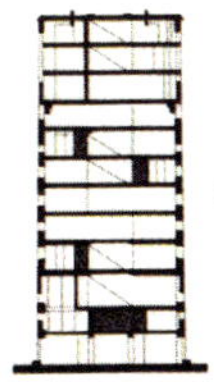

39,0 m

2000 2010

6

Water tower Schimmert

Schimmert

1927

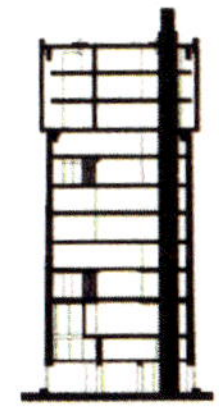

38,0 m

2000 2010

…r tower Philipsland

…sland

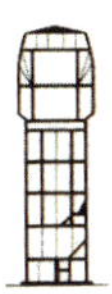

27,7 m

2000 2010

11

Water tower Woerden

Woerden

1906

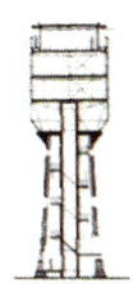

27,0 m

1979 2000 2010

12

Zuidertoren

Schiermonnikoog

1954

26,0 m

1992 2000 2010

…house Lemmer

19,2 m

2000 2010

17

Low lighthouse

Hoek van Holland

1899

15,0 m

1967 2000 2010

18

Lighthouse Katwijk

Katwijk

1605

14,0 m

1913 2000 2010

CONDITION OF USE:
1
Former Monastery Mariendaal
Velp
1868
1993
2000
2010
A 17 km (HAN University of Applied Sciences)
B 17,1 km (Radboud University Faculty of Philoso
C 17,1 km (Donders Institute for Brain Cognition
Behaviour)
D 49,2 km (Hogeschool Larenstein)
2
Sint Lambertus Church
Maastricht
1914 - 1916
2000
2010
A 1,1 km (Maastricht Academy of the Performing
B 1,1 km (University College Maastricht)
C 2,6 km (NAi Maastricht)
D 4,1 km (University Hospital Maastricht)
3
De Rode Olifant
Den Haag
2000
2010
A 2,3 km (NWO Netherlands Organisation for S
Research)
B 3,2 km (TNO Knowledge for Business)
C 11,4 km (Delft University Faculty of Architectu
D 13,4 km (Deltares Delta Technology)
4
Philips building
Eindhoven
2000
2010
A 2,6 km (Design Academy)
B 4,2 km (Dutch Polymere Institute)
C 4,8 km (Eindhoven University of Technology
Computer Science)
5
Former Institute Vegetation Taxonomy
Wageningen
2000
2010
A 3,1 km (Wageningen University Environment
B 3,2 km (Center for Food & Biobased Resear
C 6,9 km (Ede Christian University of Applied
Academy of Social Studies)

tower Noord

ngen

1977 2000 2010

A 0.45 km (Institute for Integration and Social Efficacy)

B 2.8 km (Groningen University Faculty of Economics)

C 4.5 km (Energy Delta Institute)

gy Laboratorium

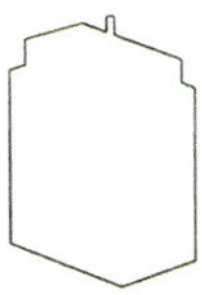

2000 2010

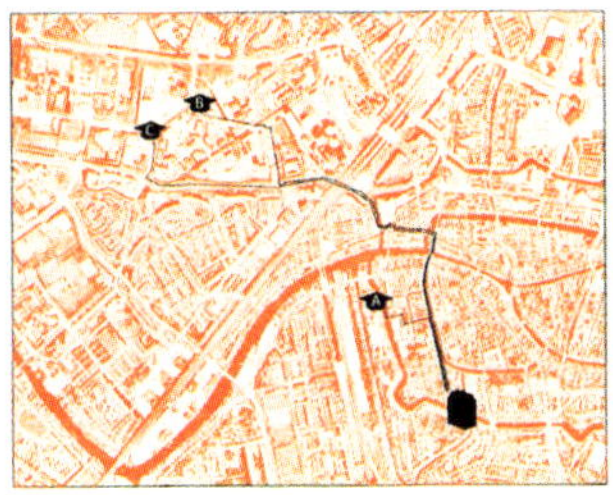

A 0.7 km (Leiden University Centre for the Study of Islam and Society)

B 2.4 km (Leiden University of Applied Sciences Faculty of Social Work and Applied Psychology)

C 2.6 km (Leiden Bio Science Park)

e Hoefijzers

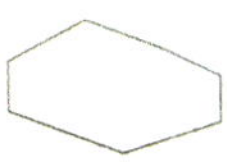

2000 2010

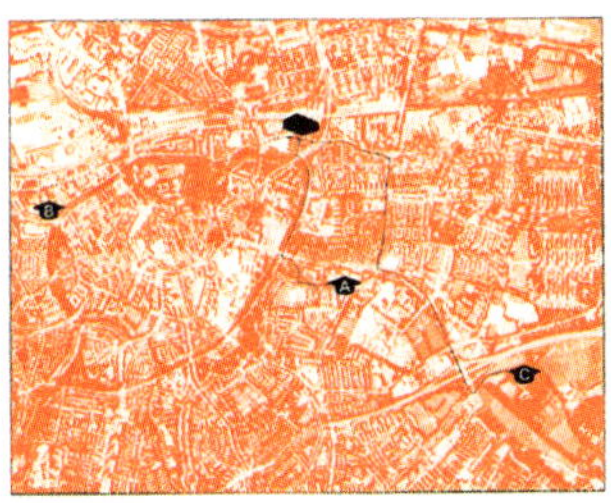

A 1.2 km (Asample Avans, Knowledge Center for Analytical Chemistry)

B 2.1 km (Breda University of Applied Sciences Academy of Digital Entertainment)

C 3.0 km (St Joost Academy of Arts)

f Justice

dam

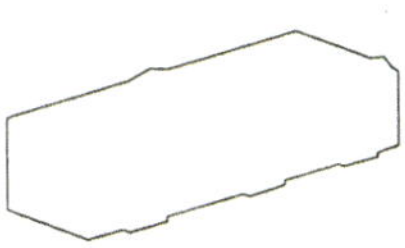

2000 2010

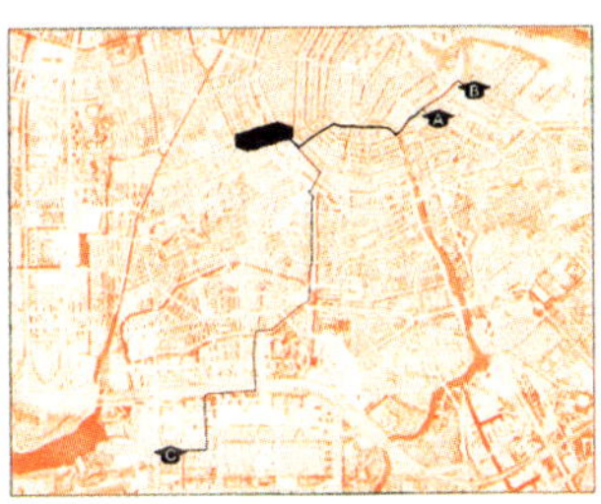

A 1.9 km (Netherlands Film and Television Academy)

B 2.4 km (University of Amsterdam Urban Geography Studies)

C 4.9 km (Free University Institute for Lasers, Life and Biophotonics)

building

2000 2010

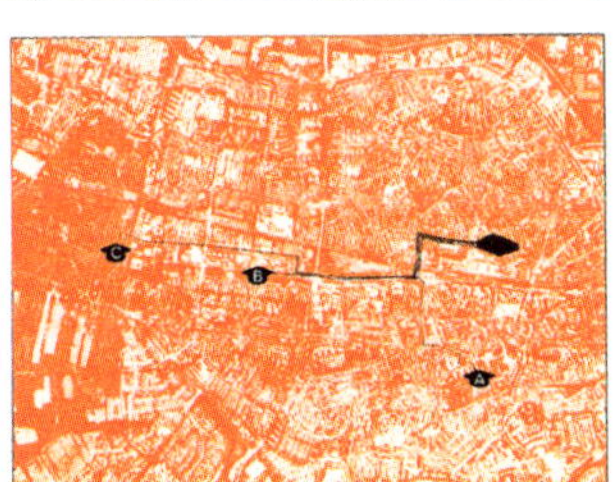

A 2.0 km (Fontys Rock Academy)

B 2.2 km (Avans University of Applied Sciences Health Technology Studies)

C 3.7 km (Tilburg University School of Politics and Public Administration)

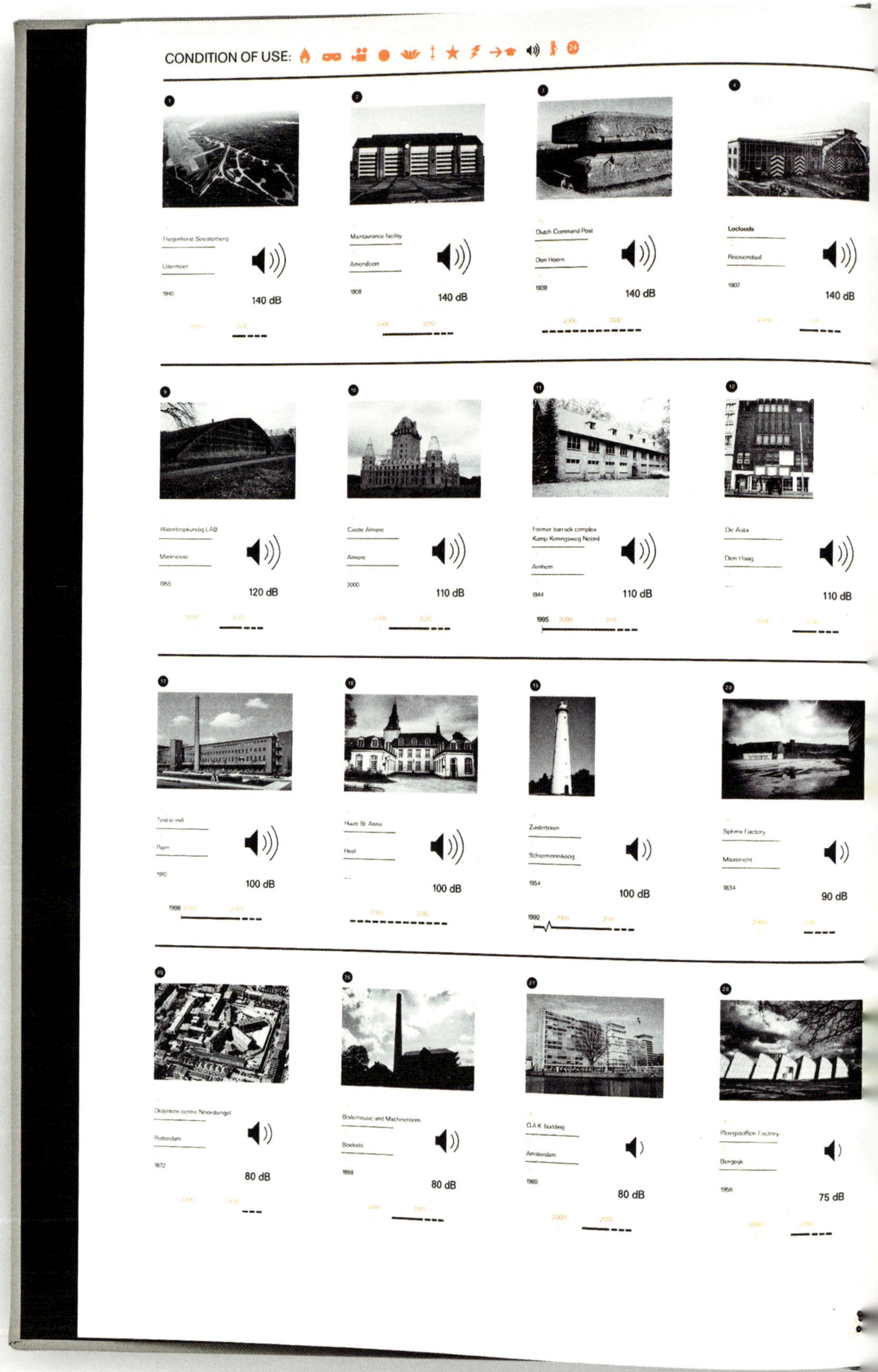
CONDITION OF USE:
1
Fliegerhorst Soesterberg
Uitermeer
1940
140 dB
2
Maintainance facility
Amersfoort
1908
140 dB
3
Dutch Command Post
Den Hoorn
1939
140 dB
4
Locloods
Roosendaal
1907
140 dB
9
Waterloopkundig LAB
Marknesse
1955
120 dB
10
Castle Almere
Almere
2000
110 dB
11
Former barrack complex
Kamp Koningsweg Noord
Arnhem
1944
110 dB
1995
12
De Asta
Den Haag
110 dB
17
Textile mill
Rijen
1910
100 dB
1998
18
Huize St. Anna
Heel
100 dB
19
Zuidertoren
Schiermonnikoog
1954
100 dB
1992
20
Sphinx Factory
Maastricht
1834
90 dB
25
Detention centre Noordsingel
Rotterdam
1872
80 dB
26
Boilerhouse and Machineroom
Boekelo
1888
80 dB
27
G.A.K. building
Amsterdam
1960
80 dB
28
Ploegstoffen Factory
Bergeijk
1958
75 dB

Ypenburg

...g

140 dB

6

Fort Hinderdam

Hinderdam

1437

140 dB

1954

7

Stoommeel factory

Zaandam

1918

120 dB

8

Sao Hancate

Hellendoorn

1962

120 dB

...gterren

...n

110 dB

14

Stadium De Wageningse Berg

Wageningen

1899

110 dB

1992

15

Palace Soestdijk

Soestdijk

1650

100 dB

16

Villa Sonneheart

Zeist

1909

100 dB

1995

Markthallen

...m

90 dB

22

Straw-board factory

Scheemda

1900

80 dB

1968

23

Gas factory

Appingedam

1905

80 dB

1995

24

Warehouse

Wormerveer

1882

80 dB

...ce

...der

65 dB

30

Bollenschuur

Rijnsburg

1920

65 dB

31

Sacraments Church

Tilburg

1931

60 dB

32

Ocriet factory Amsterdam

Eemnes

1931

60 dB

BUILDINGS IN CREATIVE ECOLOGY

1

Former barrack complex Kamp Koningsweg Noord

Arnhem

1944

2

Former laboratory Kleefse Waard

Arnhem

3

Gas office

Arnhem

4

De Kleine Enk

Arnhem

1945-1959

5

De Voorzorg

Arnhem

1910

6

Former Monastery

Arnhem

1927

Knowledge network

- Polytechnic
- Transport and distribution
- Food
- ICT
- Milieu
- Medical
- Knowledge
- Entrepreneur organizations

Organic farming

- National retail
- Home sales
- Subscription sales
- Farmers' market
- Biological catering
- Biological companies
- Agricultural zones

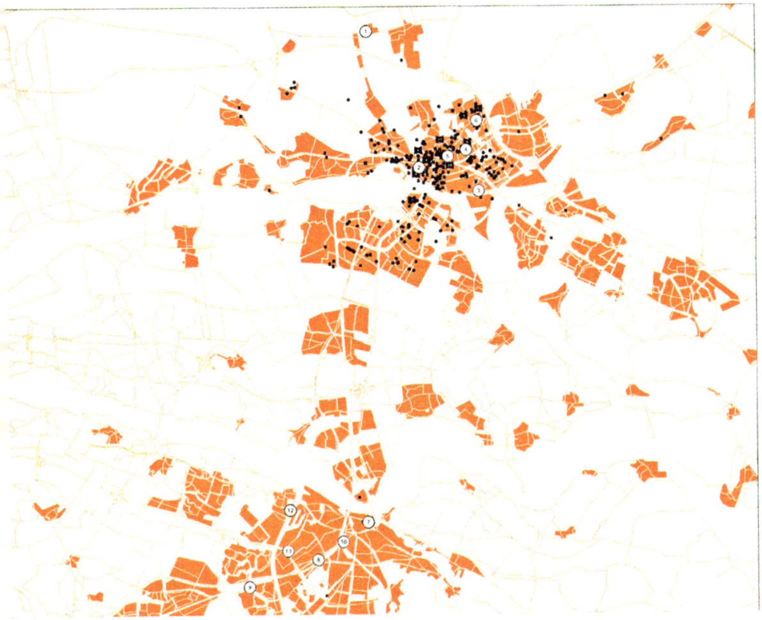

.rt and artists

Artist's studio
Artists' colony
Academy of Architecture Studios and Activities
Fashion and dance graduation presentations
Art in the public domain (to 1994)
Gallery or exhibition space
Art courses

source: De grote / the big / der grosse KAN atlas

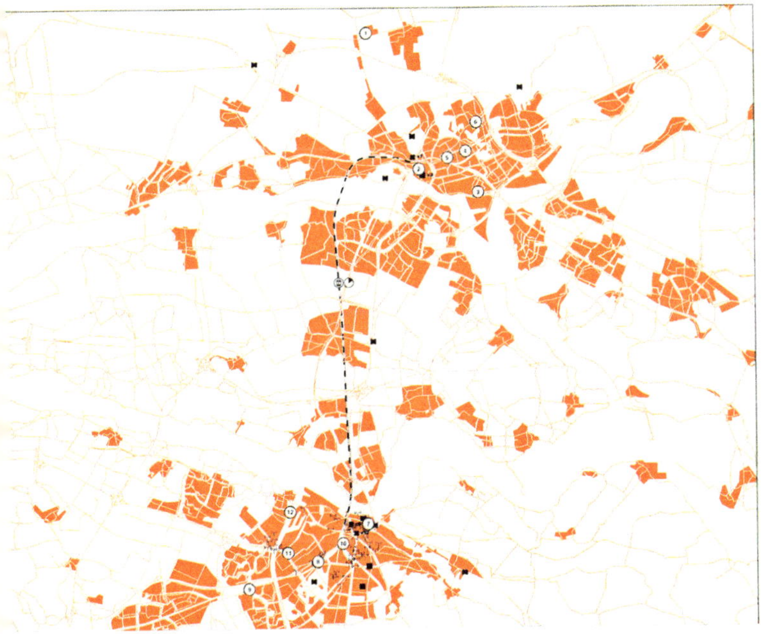

Gay community and wireless network

Gay (friendly) restaurants
Gay aid
Gay open air recreation
Wireless network
Gay (friendly) bars and dance venues

source: De grote / the big / der grosse KAN atlas

7

Former Bank building

Nijmegen

1929

8

Office estate

Nijmegen

1939

9

Skate hall Triavium

Nijmegen

10

Signal cabin

Nijmegen

1960

11

Het slot van de baron

Nijmegen

12

Business area

Nijmegen

BUILDINGS IN CREATIVE ECOLOGY
1
Maintanance facility Hembrugterrein
Zaandam
1869
2
G.A.K. building
Amsterdam
1960
3
Houtveem hangar
Amsterdam
4
Storehouse Hembrugterrein
Zaandam
1896
5
Storehouse 'de Dood'
Zaandam
1929
6
Ammunition storehouse
Zaandam
1904
Temporary free zones
Free sound production

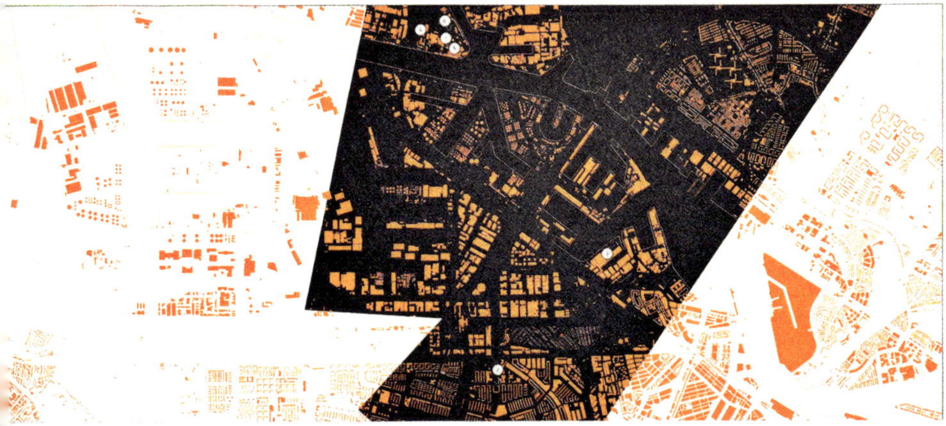

No height limits

source: Rietveld Landscape | Atelier de Lyon

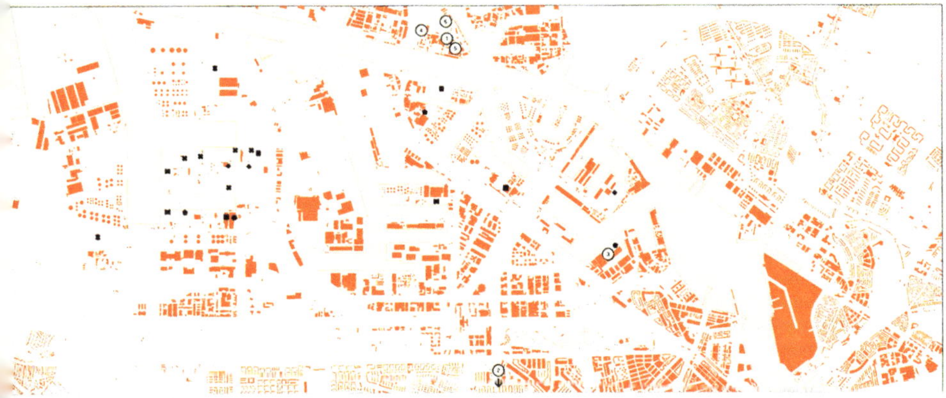

Raw materials and recycling

- Green recycling
- Building materials
- Waste incineration
- Rubble recycling
- Asphalt production and recycling centres
- Electrical power stations
- Refuse collection
- Concrete production centres

source: Rietveld Landscape | Atelier de Lyon

Services for creative sector

source: Rietveld Landscape | Atelier de Lyon

Hembrugterrein, Zaandam

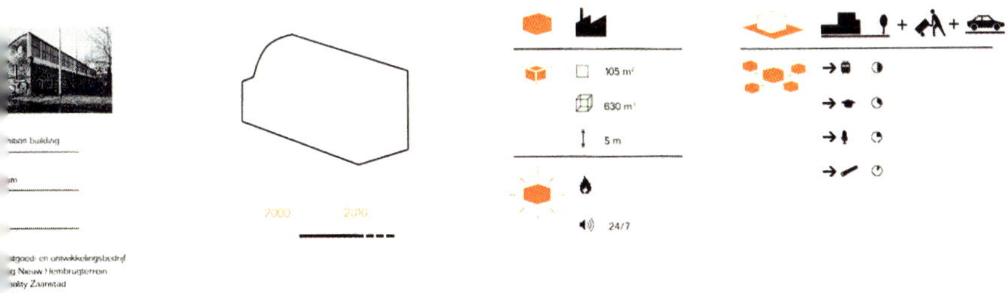
…nson building
2000
2010
105 m²
630 m³
5 m
24/7
…tgoed- en ontwikkelingsbedrijf
…g Nieuw Hembrugterrein
…ality Zaanstad

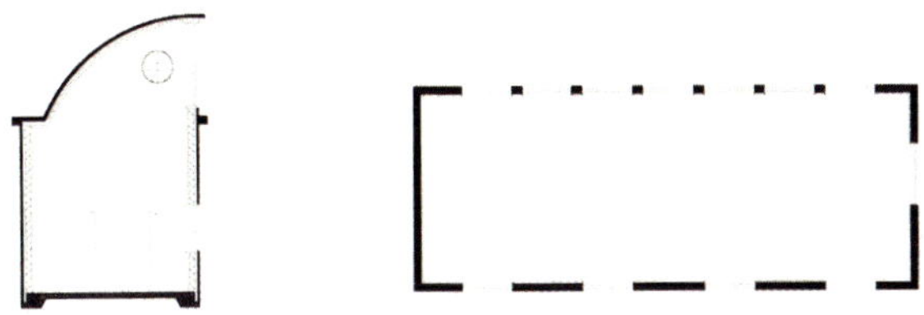

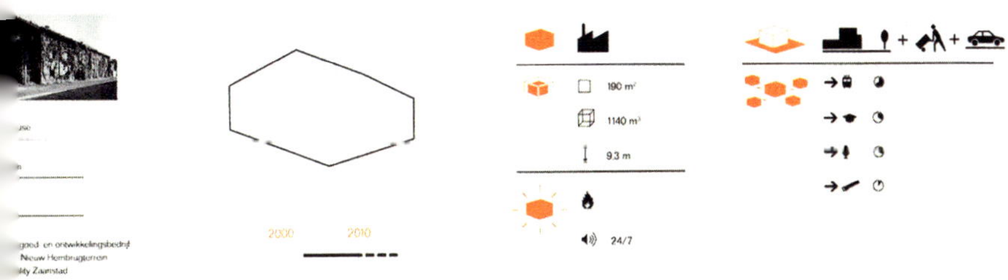
2000
2010
190 m²
1140 m³
9.3 m
24/7
…goed- en ontwikkelingsbedrijf
Nieuw Hembrugterrein
…lity Zaanstad

1

10,000 vacant public and government buildings in the Netherlands.
10.000 leegstaande publieke en overheidsgebouwen in Nederland.

2

Spatial and physical conditions of empty churches and their immediate surroundings.
Ruimtelijke en fysieke condities van leegstaande kerken en hun directe omgeving.

3

Vacant buildings that provide opportunities to light open fires.
Leegstaande gebouwen die de mogelijkheid bieden om open vuur te maken.

4

Vacant towers that provide opportunities to exploit their height.
Leegstaande torens die de mogelijkheid bieden om de hoogte in te gaan.

5

The possibilities of use provided by vacant buildings are partly determined by the knowledge network in their immediate surroundings.
De gebruiksmogelijkheden van leegstaande gebouwen worden mede bepaald door het kennisnetwerk in de directe omgeving.

6

Vacant buildings that provide possibilities for high noise levels.
Leegstaande gebouwen die de mogelijkheid bieden om veel geluid te produceren.

7

Buildings in Arnhem and Nijmegen, with aspects of creative ecology.
Gebouwen in Arnhem en Nijmegen en aspecten van de aanwezige creatieve ecologie.

8

'Obstacle contours' create unique affordances of buildings in the port of Amsterdam.
Hindercontouren scheppen unieke affordances in gebouwen in de haven van Amsterdam.

9

Architectural and cultural-historical qualities of the Hembrug site near Amsterdam.
Architectonische en cultuurhistorische kwaliteiten op het Hembrugterrein bij Amsterdam.

3

STRATEGIC INTERVENTIONS AS A DESIGN APPROACH

STRATEGISCHE INTERVENTIES ALS ONTWERPBENADERING

3 Strategische interventies als ontwerpbenadering

Erik Rietveld, Ronald Rietveld en Arna Mackic

Strategische interventies zijn precies gekozen en zorgvuldig ontworpen ingrepen in stad of land die een gewenste ontwikkeling in gang zetten. Deze door RAAAF ontwikkelde ontwerpbenadering is toepasbaar op zeer diverse opgaven. Een voorbeeld van zo'n gewenste ontwikkeling is het benutten van leegstand voor innovatie. De benaderingswijze van strategische interventies wordt in dit hoofdstuk specifiek toegepast op het leegstandsvraagstuk. Strategische interventies vragen om een nieuwe, locatie- en contextspecifieke manier van denken en kijken. De kunst is om kansen op regionaal en nationaal schaalniveau te verbinden met de lokale kwaliteiten. Deze integrale ontwerpbenadering leidt tot onverwachte, soms paradoxale architectuur en vitale publieke ruimte.

In het eerste deel van dit hoofdstuk worden de verschillende aspecten van deze benadering kort uiteengezet. Ze worden als elf aparte ontwerpprincipes beschreven, maar tijdens het ontwerpproces worden ze vaak tegelijkertijd ingezet. Om te laten zien hoe deze ontwerpbenadering leidt tot nieuwe concepten en inzichten die in de praktijk inzetbaar zijn, wordt de benadering van strategische interventies concreet gemaakt aan de hand van het project Secret Operation 610 van RAAAF | Studio Frank Havermans.

Eigen fascinaties en ambities

Eigen fascinaties en ambities vormen het startpunt voor het kijken naar een plek en voor het ontwikkelen van een ontwerp. Het lijkt een open deur, maar dat is het niet. Maar al te vaak zijn fascinaties van anderen of reeds bestaande referenties het vertrekpunt voor nieuwe ontwerpen. Vaak staat dit het komen tot wezenlijk nieuwe denkbeelden in de weg. Omdat iedere ontwerper zijn of haar eigen fascinaties, interesses en ambities heeft, is het niet mogelijk om standaardrecepten te geven als uitgangpunt voor een strategische interventie. Het ontwerpen door middel van strategische interventies zal bij verschillende ontwerpers, met verschillende fascinaties, dus ook verschillende uitkomsten opleveren.

3 Strategic Interventions as a Design Approach

Erik Rietveld, Ronald Rietveld and Arna Mackic

Strategic interventions are precisely chosen and carefully designed interventions in a city or landscape that set a 'desired development' in motion. This design approach, developed by RAAAF, can be deployed in a great variety of assignments, and the use of vacancy for innovation is an example of such a desired development. In this chapter, the strategic interventions approach is specifically applied to the issue of vacancy. Strategic interventions require a new, location- and context-specific way of thinking and looking. The central skill here is to link opportunities on a regional and national scale with local qualities. This integral design approach results in unexpected and at times paradoxical architecture and in vibrant public spaces.

In the first part of this chapter, the various aspects of this approach are briefly explained. They are described as eleven separate design principles but during the design process they are often deployed simultaneously. To show how this design approach can lead to new concepts and insights that can be applied in practice, the strategic interventions approach is made concrete using RAAAF | Studio Frank Havermans' Secret Operation 610 project.

The Designer's Own Fascinations and Ambitions

The designer's own fascinations and ambitions form the starting point for looking at a place and for developing a design. This might seem obvious, but it is not: all too often, new designs are based on other people's fascinations or on existing architectural references, creating an obstacle to the development of genuinely new perspectives. Every designer has his or her own fascinations, interests and ambitions, and these therefore cannot be used to formulate standard recipes as the starting point of strategic interventions. When different designers, each with their own fascination, design with the use of the strategic interventions approach, the results will inevitably be different too.

Analyse van cultuurhistorie en bestaande kwaliteiten van een plek op verschillende schaalniveaus

Om tot een goed en gelaagd ontwerp te komen voor bijvoorbeeld een leegstaand gebouw of terrein, is een specifieke analyse nodig. Het leegstaande gebouw en/of terrein bevindt zich op een bepaalde locatie, in een specifieke context, met kenmerkende condities en ruimtelijke kwaliteiten. Door slim op die context in te spelen, kan het uiteindelijke ontwerp een grotere betekenis krijgen. De *Dutch Atlas of Vacancy* (hoofdstuk 2) illustreert dit ontwerpprincipe met een uitgebreide en specifieke analyse van gebouwen op verschillende schaalniveaus. Niet alleen de architectonische kwaliteiten worden in kaart gebracht, zoals gebruikelijk is, maar ook de cultuurhistorische kwaliteiten, de gebruiksmogelijkheden en aspecten van de context zoals het kennisnetwerk waarin een gebouw of terrein zich bevindt. Daarnaast hebben bestaande plekken, zoals leegstaande historische gebouwen en terreinen, vaak een specifieke sfeer. Het is belangrijk om voldoende tijd door te brengen op de locatie, de sfeer in je op te nemen en hier rekening mee te houden tijdens het ontwerpproces. Vaak kan een nieuwe sfeer gecreëerd worden door te reageren op bestaande kwaliteiten.

Meeliften op grootschalige ontwikkelingen en processen

Juist voor het reusachtige potentieel aan leegstaande publieke en overheidsgebouwen is een aanpak nodig die de kwaliteiten van een specifiek gebouw of terrein verbindt met krachtige ontwikkelingen en processen die op een hoger schaalniveau spelen. Hierdoor kunnen nieuwe kansen ontstaan voor bijzondere vormen van architectuur, stedenbouw, ecologie, recreatie en economie.

Een voorbeeld is het winnende ontwerp Generating Dune Scapes voor de Prix de Rome 2006 van Ronald Rietveld. Generating Dune Scapes is een ambitieus en realistisch plan voor een verborgen stedelijk duinlandschap onder IJmond. De strategische interventie benut enkele grootschalige landschappelijke processen en bestaande stedelijke plannen om IJmond om te vormen tot een fascinerend stedelijk duinlandschap. Hoogovens, stomende bunkers, onstuimige wolkenluchten en de Kennemerduinen vormen het apocalyptische decor van Hot Spring, het hart van de eerste winterbadplaats in West-Europa.

De relevante ontwikkelingen waarop deze strategische interventie meelift zijn: het zandoverschot uit de

Analysis on Different Scale Levels of a Site's Cultural-Historical and Existing Qualities

To develop a high-quality and layered design for an empty building or a vacant lot, a site-specific analysis is needed. A building or site is situated in a particular location, in a specific context, with specific conditions and spatial qualities. By exploiting this context to the full, a final design can achieve greater significance. The *Dutch Atlas of Vacancy* (chapter 2) illustrates this design principle with an extensive and site-specific analysis of buildings on different scale levels: it shows not only a site's architectural qualities, which is the usual practice, but also its cultural-historical qualities, its possibilities for use, and contextual aspects such as a building's or site's location within a knowledge network. Existing sites, such as historical buildings and terrains, often have a specific kind of atmosphere. It is important to spend time on site and be sensitive to this atmosphere and take it into account in the design process. Often it is important to create an atmosphere by responding to the qualities present.

Use the Forces of Large-Scale Developments and Processes

The enormous potential of vacant public and government buildings necessitates an approach that links the qualities of a specific site with powerful developments and processes at play on a higher scale level. This can create new opportunities for distinctive forms of architecture, urban planning, ecology, recreation and economic development.

An example of this approach is Ronald Rietveld's Generating Dune Scapes design, which won the Prix de Rome in 2006. It is an ambitious and realistic plan for a concealed urban dune landscape at IJmond, along the North Sea coast in the Netherlands. This strategic intervention uses several large-scale landscape features and existing urban plans to transform IJmond into a fascinating urban dune landscape. The steelworks, steaming bunkers, lowering skies and the Kennemer dunes form the apocalyptic decor for the new Hot Spring, the heart of Western Europe's first winter bathing resort.

This strategic intervention uses the forces of the following relevant developments: the surplus of sand from the port's entrance (1.4 million cubic metres per annum), plans for the recycling of industrial heat,

Hot Spring & Steaming Bunkers: In Generating Dune Scapes, surplus sand and residual industrial heat are used to create the first winter bathing resort in Western Europe (Prix de Rome, Ronald Rietveld, 2006).
Hot Spring & Steaming Bunkers: In Generating Dune Scapes worden het zandoverschot en de industriële restwarmte gebruikt om de eerste winterbadplaats in West-Europa te maken (Prix de Rome, Ronald Rietveld, 2006).

havenmonding (1,4 miljoen kubieke meter per jaar), de plannen voor duurzaam hergebruik van industriële restwarmte, de herontwikkeling van IJmuidens Rivierenbuurt en de geplande aanleg van de grootste sluis ter wereld.

Het bestaande mineraalrijke Kennemermeer zal worden verhit door restwarmte van staalconcern Tata Steel. De enorme hoeveelheid duinzand die vrijkomt bij de aanleg van de grootste sluis ter wereld wordt benut voor nieuwe duinen. Op het nieuwe sluizencomplex ontstaat een paradoxaal duinlandschap, waar beschermde vogelsoorten extra broedgelegenheid krijgen tussen de passerende mammoettankers en cruiseschepen. Het nieuwe duinlandschap biedt kansen voor nieuwe vormen van stedenbouw en spectaculaire vormen van architectuur, zoals het constant veranderende Sand Wall District.

Nieuwe allianties met onderzoekers, belanghebbenden en specialisten

Indien architecten en andere ontwerpers daadwerkelijk een relevante bijdrage willen leveren aan grote maatschappelijke opgaven, dan is het vanwege de complexiteit daarvan noodzakelijk om allianties aan te gaan met onderzoekers, belanghebbenden en specialisten. Afhankelijk van de opgave kunnen dat bijvoorbeeld architectuurhistorici, stadsgeografen of bunkerspecialisten zijn. Deze samenwerking is geen doel op zich, maar een middel om kennis op te doen die een ontwerper zelf niet heeft. De ontwerper positioneert zich dus in een groter kennisnetwerk van specialisten. Het is de kunst om te onderzoeken wat voor een specifieke plek relevant kan zijn en om die input selectief te benutten in het ontwerpproces. De ontwerper integreert de relevante kennis op verschillende schaalniveaus en vertaalt deze dankzij een breed ontwerpvakmanschap in strategische interventies.

Gewenste ontwikkelingen in gang zetten

Belangrijk is dat de realisatie van een ontwerp niet het eindpunt maar het beginpunt is van een nieuwe situatie of ontwikkeling. Dit principe is bijvoorbeeld gehanteerd bij de installatie *Firemen Walk with Us* in het Eiffelgebouw in Maastricht. Dit werk is op uitnodiging van de Rijksdienst voor het Cultureel Erfgoed gemaakt voor de Biënnale Leegstand en Herbestemming in 2011. Naast het realiseren van een totaalervaring, probeerde RAAAF met deze installatie de discussie over brandveiligheid in leegstaande gebouwen open te breken. Door het maken van een landschap van vuur in een architectonisch icoon dat normaal juist

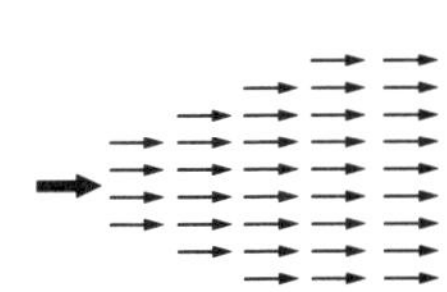

the redevelopment of an urban district, and the planned construction of the world's largest locks complex.

The existing mineral-rich Kennemer lake will be heated using recycled industrial heat from the Tata steelworks. The huge quantity of dune sand that will become available when the locks complex is constructed will be used to make new dunes. A paradoxical dune landscape will be created at the locks complex, with extra breeding grounds for protected species of birds between the passing super tankers and cruise ships. This new dune landscape will also provide opportunities for innovative urban planning and spectacular architecture, such as the constantly changing Sand Wall District.

New Alliances with Researchers, Interested Parties and Specialists

If architects and other designers really want to make a relevant contribution to addressing the big societal issues, the complexity of these issues will make it necessary to forge alliances with researchers, stakeholders and specialists. This can involve a whole range of specialists, from architectural historians and urban geographers to bunker specialists, depending on the assignment. This collaboration is not an aim in itself but a means for designers to acquire knowledge they do not possess. Designers therefore position themselves within a larger knowledge network of specialists. The key is to investigate what might be relevant for a specific place and to use this input selectively in the design process. The designer integrates the relevant knowledge on different scale levels and translates it into strategic interventions using a broad set of design skills.

Setting Desired Developments in Motion

The realization of a design is not the end but rather the beginning of a new situation or development. This important principle was applied in the *Firemen Walk with Us* installation in Maastricht's Eiffel building. This installation was made in response to an invitation from the Dutch Cultural Heritage Agency for the 2011 International Biennale on Vacant Properties and Redevelopment. RAAAF used the installation to realize a 'total experience', but it was also an attempt to start a discussion on fire safety in empty buildings: creating a landscape of fire in an architectural icon that is usually

veiligheidshalve op slot zit, wordt aangetoond dat er in de vele duizenden leegstaande gebouwen veel meer mogelijk is dan men zou verwachten. De gewenste ontwikkeling is duidelijk maken dat tijdelijk hergebruik van leegstand gebaat is bij een proactieve samenwerking met specialisten, zoals in dit geval met de brandweer.

Schijnbaar tegengestelde belangen en elementen verbinden

Bij een project spelen vaak meerdere belangen en elementen een rol en soms lijken die lijnrecht tegen elkaar in te gaan. Dit hoeft niet te betekenen dat ze elkaar ook daadwerkelijk uitsluiten. Vaak kunnen ze juist verbonden worden wanneer, in plaats van een compromis, een radicale oplossing wordt bedacht waarin de belangen of elementen elkaar juist versterken. Zo lijkt monumentenzorg in eerste instantie niet gebaat te zijn bij het doorzagen van een bunker uit de Tweede Wereldoorlog. Maar door één zo'n gemeentelijk monument door te zagen, wordt de betekenis van de 400 andere overgebleven bunkers die níet doorgezaagd zijn in één keer veel inzichtelijker gemaakt. Uiteindelijk blijkt doorzagen meer bij te dragen aan de monumentale waarde dan beschermen: na deze interventie verwierf Bunker 599 de status van rijksmonument.

Langetermijnambities verlengen

De echte kansen voor verandering liggen vaak op een hoger schaalniveau (bijvoorbeeld regionaal, nationaal of internationaal), of in het verlengde van de langetermijnambities van de opdrachtgever (waarbij gedacht kan worden aan een termijn van twintig, vijftig of honderd jaar). Scherpe analyses van de mogelijkheden op dit strategische niveau scheppen ruimte voor interventies met een belangrijke langdurige spin-off. Door een beeld te schetsen van wat de betekenis van een plek idealiter op lange termijn kan zijn, wordt het duidelijk wat nú gedaan moet worden om richting de toekomstvisie te bewegen. Daarnaast is het van belang te bedenken wie de potentiële gebruikers en trekkers van activiteiten zouden kunnen zijn. Wat voor bedrijven en instituten zijn er lokaal aanwezig? Is er een nationale organisatie die zich met de lokaal aanwezige mensen en kwaliteiten kan verbinden? Is er programma dat heel goed zou passen bij de plek?

Zo heeft RAAAF met het project Industrial Jurassic voorgesteld vijf tijdelijke verbindingen tussen Nederland en België te maken, waarbij de Maas niet als grens maar als verbindend element zal werken. Vijf Belgische

locked precisely because of safety considerations, showed that so much more can be done with the thousands of vacant buildings than people expect. The desired development is making clear that proactive collaboration with specialists – in this case, the fire brigade – will create new possibilities for the temporary reuse of vacant buildings.

Connecting Seemingly Conflicting Interests and Issues

A number of interests and issues often play a role in a project. Sometimes they seem to be diametrically opposed, but they are not necessarily mutually exclusive: they can be connected when, instead of a compromise, a radical solution is devised in which apparently contradictory interests actually reinforce each other. Take, for example, Bunker 599: at first sight, slicing a Second World War bunker in two did not appear to further the preservation of this historic site, but by slicing open *one* such municipal monument, the significance of the remaining 400 bunkers that were *not* sliced open suddenly became much clearer. Ultimately, this apparently destructive act turned out to contribute more to the site's status as a monument than protection: following this intervention, Bunker 599 became a national heritage site.

Extending Long-Term Ambitions

The real opportunities for change are often found at a higher scale level (regional, national or international) or are a natural extension of a client's long-term ambitions (think here in terms of twenty, fifty or a hundred years). Sharp analyses of the possibilities at this strategic level create room for interventions with an important long-lasting spin-off. By envisioning what a site's long-term significance might be, it becomes clear what must be done in the here and now to move towards this vision for the future. It is also important to identify potential users and people who can take the lead by realizing programmes that contribute to the vision. What sort of companies and institutions are locally present? Is there a national organization that can connect with the people and qualities that are locally present? Does a programme already exist that would fit in particularly well with the location?

RAAAF's Industrial Jurassic project proposes the creation of five temporary connections between

Maasdorpen, die tevens de entree vormen van de Maasvallei, zijn het uitgangspunt voor mogelijke nieuwe verbindingen. Voor de openingsceremonie van Rivierpark Maasvallei worden vijf tijdelijke bruggen tussen de twee landen voorgesteld. Het idee is dat tien tankbrugleggers de ceremoniële handeling vormen waarbij de bruggen de uitgestrekte handen zijn van België naar Nederland en andersom. Deze tijdelijke verbindingen zijn het startschot voor permanente en locatiespecifieke verbindingen. Zo wordt de Maasvallei op lange termijn een internationaal project dat twee landen met elkaar verbindt in plaats van scheidt.

Schaalniveaus verbinden

Ook als je op het laagste schaalniveau bezig bent, moet je als ontwerper weten wat op het hoogste schaalniveau speelt. Het is belangrijk om te weten wat er op lokaal, nationaal en internationaal niveau speelt. Wat voor ontwikkelingen, beleid en welke visies spelen er op een hoger schaalniveau waarop je zou kunnen meeliften of aanhaken? Door je bij veranderingen van het ontwerp, zelfs bij details, af te vragen wat dat betekent voor de impact die de interventie heeft op andere schaalniveaus, verknoop je het ontwerp met de context en krijgt een interventie meer relevantie en betekenis.

Rol en beleving voor verschillende gebruikersgroepen integreren en visualiseren

Strategische interventies laten ruimte voor toekomstige invulling en dagen uit tot lokale initiatieven of spontaan gebruik (zie kader 'Affordances'). Het gaat, paradoxaal genoeg, om het bewust ontwerpen van ongedwongen interacties. In plaats van een beoogd gebruik voor te programmeren, is het belangrijker om het spontane en onvoorspelbare karakter van gebruik te omarmen. In het ontwerpproces richt de ontwerper zich op mogelijke vormen van gebruik, in de wetenschap dat het in werkelijkheid andere groepen zouden kunnen worden.

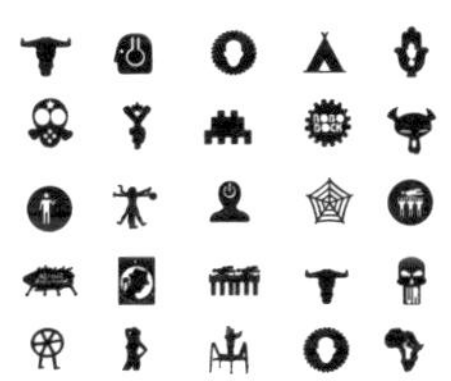

Experimenteer met verschillende visualisatietechnieken

Het ontwerp kan op verschillende wijzen verder geholpen worden, bijvoorbeeld met een schets, 3D-tekening, werkmaquette, een-op-een-model of door het aanscherpen van het concept. De kwaliteit van het ontwerp kan het beste worden geëvalueerd wanneer verschillende visualisatietechnieken naast elkaar worden gebruikt en als complementair worden ge-

the Netherlands and Belgium, with the Meuse river acting not as a border but as a link. Five Belgian Meuse villages that form the entrance to the Meuse valley are the starting point for possible new connections. Five temporary bridges between the two countries have been proposed for the opening ceremony of the Meuse valley's Rivierpark: ten military tank bridge haulers will 'perform' the ceremonial act in which the bridges will act as the outstretched hands of Belgium to the Netherlands and vice versa. These temporary connections will provide the impetus for permanent and location-specific connections; in the long term, the Meuse valley, which separates the two countries, will be the site of an international project that links them.

Connecting Scale Levels

Even if a designer is active at the lowest scale level, he or she must know what is going on at the highest scale level: what is going on at the local, national and international levels? Which developments, policies and visions are at play at a higher scale level that one can capitalize on or link up with? When changing a design – even when changing just a detail – one should consider the impact of the intervention on other scale levels. This ensures that the design is well connected with its context, which enhances the relevance and significance of a strategic intervention.

Integrating and Visualizing the Role and Experience of Different User Groups

Strategic interventions allow for future interpretations and raise the challenge for local initiatives or spontaneous use (see insert Affordances below). Paradoxically, this concerns the conscious design of spontaneous interactions. Instead of pre-programming an intended use, it is more important to embrace the spontaneity and unpredictability of use. In visualizations of the strategic intervention, the designer shows possible forms of use in the awareness that, in reality, it might turn out to be used by other groups.

Experiment with Different Visualization Techniques

The improvement of a design can be supported in different ways – by using a sketch, 3D drawing, scale model, full-scale mock-up, or by honing a concept. The quality of the design can best be evaluated when different

zien. Zo kunnen aanpassingen in een tekening indien nodig ook meteen getest worden met een collage of maquette om het resultaat zo goed mogelijk te beoordelen. Telkens wordt geëxperimenteerd met wat op dat moment de beste manier is om het ontwerp te visualiseren en te verkennen hoe bepaalde ontwerponderdelen kunnen worden aangepakt.[3]

Helder concept en krachtige verbeelding

Het concept en denkbeeld van een strategische interventie moeten staan als een huis. Elke beslissing in het proces wordt genomen vanuit dit concept. Dit is nodig omdat gedurende het uitvoeringsproces zich altijd onverwachte ontwikkelingen voordoen die om bijstelling van het ontwerp vragen. Het concept en de verbeelding komen in onderlinge wisselwerking tot stand. Door op krachtige en poëtische wijze te verbeelden wat de ruimtelijke ervaring is van de ontworpen plek, is het mogelijk om opdrachtgevers, belanghebbenden en anderen te enthousiasmeren voor de interventie. Vaak zegt één beeld meer dan duizend woorden. Ook voor de ontwerpers werkt de krachtige verbeelding als een ideaal waar naartoe gewerkt wordt. Het streven is altijd een beeld met evocatieve kracht dat de essentie van de ingreep toont en tegelijkertijd als esthetisch beeld op zichzelf staat. Een goed beeld doet mensen verlangen naar de nieuwe wereld, ze zien zichzelf er als het ware al in rondlopen.

Project Secret Operation 610 van RAAAF | Studio Frank Havermans op de voormalige militaire vliegbasis Soesterberg toont wat de ontwerpbenadering van strategische interventies kan opleveren bij tijdelijk gebruik van leegstaande gebouwen en terreinen

Nadat met veel lawaai de imposante deuren van vliegtuigbunker Shelter 610 zijn opengegaan, rijdt een monsterlijk zwart gevaarte traag naar buiten. Het object doet de geheimzinnige sfeer van de Koude Oorlog en het angstaanjagende oorlogstuig van destijds herleven. Het kunstwerk beweegt zich op rupsbanden in een tergend langzaam tempo over het asfalt van de eindeloze startbaan van vliegbasis Soesterberg. Doordat de sculptuur mobiel is, kan deze steeds doorverhuizen van de ene leegstaande plek naar het andere leegstaande object op de vliegbasis. Zo belichaamt Secret Operation 610 als het ware de sequentiële tijdelijkheid. Door de steeds wisselende positie van dit brute object in het verstilde natuurlandschap laat het de bezoeker bovendien telkens op

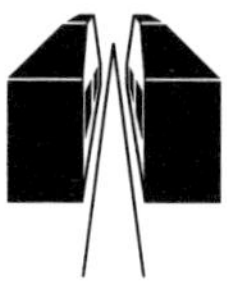

visualization techniques are used alongside each other and are treated as complementary. That way, adjustments to a drawing can be tested immediately using a collage or scale model, and their effect can be optimally assessed. Constant experimentation makes it possible to work out the best way to visualize a design and explore how to deal with certain open issues of the design.[3]

Clear Concept and Powerful Visualization

The articulated and visualized concept of a strategic intervention must be rock solid: it provides the basis for every decision in the process, because during the implementation process there are always unexpected developments that require an adjustment to the design. A concept and a visualization result from a mutual interaction; they are like two sides of the same coin. A convincing and striking visualization that embodies the atmosphere and spatial experience of a design can win the enthusiastic support of clients, stakeholders and others – it really is true that a picture often says more than a thousand words. For designers, too, a poetic visualization of the intervention provides an ideal to work towards. The aim is always to achieve a powerfully evocative image that portrays the essence of an intervention but also succeeds as an autonomous aesthetic image. Such an image makes people long for a new world they already imagine themselves walking around in, as it were.

The Secret Operation 610 Project by RAAAF | Studio Frank Havermans at the Former Soesterberg Military Airbase Demonstrates How the Strategic Interventions Design Approach Can Contribute to the Temporary Use of Vacant Buildings and Sites

When the ruthless doors of the Shelter 610 hangar have finally opened with a lot of noise, a monstrous black behemoth slowly emerges. The object revives the secretive atmosphere of the Cold War and the terrifying weaponry of the time. The artwork, with its caterpillar tracks, makes its way at an excruciatingly slow pace down the endless tarmac at Soesterberg airbase. Being mobile, the sculpture can be shifted from one vacant space to another at the airbase: Secret Operation 610 embodies 'sequential temporariness', as it were. In addition, constantly changing the location of this brutal object in the now peaceful landscape allows visitors to see the surroundings

Affordances[1]

Het bewust ontwerpen van ongedwongen interacties: het lijkt een *contradictio in terminis*, maar dat is het niet. Fysieke omgevingen hebben de gebruiker iets te bieden: 'handelingsmogelijkheden', ofwel *affordances*[2]. Dit is een relationeel begrip. Een affordance is een relatie tussen een aspect van de omgeving en een vaardigheid die beschikbaar is in een sociaal-culturele praktijk. Elk leegstaand gebouw bevat achter slot en grendel een heel landschap aan affordances. Dit zijn onbenutte bronnen die met wat goede wil eenvoudig ontsloten zouden kunnen worden. Juist doordat de oorspronkelijke functie niet meer uitgeoefend wordt in die leegstaande gebouwen, is de rijkdom aan affordances enorm: er kan veel meer dan we geneigd zijn te denken.

Overigens zijn ontwerpers meesters in het maken van nieuwe affordances. Globaal gesproken kunnen nieuwe affordances op twee manieren ontstaan. Dat kan doordat mensen nieuwe vaardigheden of tools ontwikkelen, of doordat op een bepaalde plek de structuur van de fysieke omgeving verandert. Dit laatste is precies wat een architectonische interventie doet. Onvoorspelbaarheid is hierbij een aandachtspunt. Wanneer je streeft naar interventies die een maatschappelijke relevantie hebben en gewenste ontwikkelingen in gang zetten, is meestal slechts tot op bepaalde hoogte te voorspellen wat die zijn, bijvoorbeeld omdat ze zich afspelen op een langere termijn en daarbij gevormd worden door veranderlijk menselijk gebruik. Onze ontwerpen zijn er dan ook vaak op gericht om door middel van één enkele fysieke interventie meerdere affordances, meerdere mogelijkheden tot handelen, te bieden. Met deze verscheidenheid aan affordances schept het ontwerp een bepaalde vrijheid, die kenmerkend is voor ons alledaagse handelen. Zo kan een bewust ontworpen interventie paradoxaal genoeg juist spontaan gebruik van de ruimte opleveren.

Affordances[1]

The conscious design of spontaneous interactions: at first glance, this is a contradiction in terms. But it is not. Physical surroundings have something to offer the user: possibilities for action or 'affordances'.[2] An affordance is a relation between an aspect of the surroundings and an ability that is available in a socio-cultural practice. Behind closed doors, every vacant building contains a whole landscape of affordances. There is a gamut of unused resources that, with a little good will, could easily be tapped. There is a wealth of affordances, precisely because these empty buildings are no longer used for their original purpose. Much more is possible than we think.

Incidentally, architects and other designers are masters at making new affordances. Generally speaking, new affordances come into existence in two ways: as a result of people developing new skills or tools, or because the structure of the physical environment of a particular location changes, which is exactly what an architectural intervention does. Unpredictability is a point of particular interest here: whenever one aims for interventions that are socially relevant and that set desired developments in motion, predicting what the impact will be is usually only possible to a limited extent, for example because these developments play out over a longer term and are thus shaped by changing human use. Consequently, our designs are often directed at using a single physical intervention to provide several affordances, several possibilities for acting. By means of this variety of affordances a design can generate a particular kind of freedom: the kind of freedom that is characteristic of our everyday behaviour. And this is how a consciously designed intervention can, paradoxically, result in the spontaneous use of a space.

STATIONED AT CAM
THE NETHERLANDS,
THE 32nd TACTICAL

NEW AMSTERDAM,
E WOLFHOUNDS OF
IGHTER SQUADRON,

The deserted runway was the starting point for thinking about the future of the airbase.
De verlaten startbaan vormt het vertrekpunt voor het denken over de toekomst van de vliegbasis.
Shelter 610, constructed of thick layers of concrete.
De uit metersdikke lagen beton opgetrokken Shelter 610.

een andere manier naar de omgeving en de historie van de militaire vliegbasis kijken.

De mobiele sculptuur is zowel een kunstwerk als een verplaatsbare onderzoeksruimte. Het schept in de context van de vliegbasis mogelijkheden voor innovatieve onderzoeksprogramma's die normaal gesproken onmogelijk zouden zijn. Studenten van de Technische Universiteit Delft (Aerospace/CleanEra) gebruiken het als tijdelijk onderkomen en ontwikkelen in het object bijvoorbeeld een programma voor het innovatieve 'groene vliegen' van de 21e eeuw: 'no noise, no carbon, just fly'. De oude startbaan is de testplek voor state-of-the-art vliegexperimenten.

Sculptuur Secret Operation 610 en thuisbasis Shelter 610 zijn voor verschillende disciplines een plek voor experiment en innovatie. De ongebruikelijke combinatie van natuur en Koude-Oorlogsgeschiedenis biedt een spannende omgeving voor het ontwikkelen van kennis over natuur, technologie en luchtvaart.

Samen met Studio Frank Havermans was RAAAF gevraagd om in Shelter 610, een hangar op de voormalige militaire vliegbasis Soesterberg waarin in het verleden Amerikaanse gevechtsvliegtuigen werden ondergebracht, een meubelstuk voor een nog nader te bepalen gebruikersgroep te ontwerpen. Op zo'n unieke ontmantelde locatie is het belangrijk om eerst inzicht te krijgen in de aanwezige kwaliteiten en in de potentie ervan op lange termijn. Hier 'zoekt het gebouw' nieuw programma. Er zijn verschillende aanknopingspunten mogelijk voor passende programmering. Om de benaderingswijze helder te krijgen, gebruiken we één voorbeeld: het 'groene vliegen' van de 21e eeuw. Hoe de methode van strategische interventies in het ontwerpproces van Secret Operation 610 is ingezet, wordt aan de hand van de hiervoor besproken elf principes uiteengezet.

Eigen fascinaties en ambities

RAAAF is bij dit project gestart vanuit de ambitie om de potentie van leegstand te benutten voor innovatie. Maar de fascinatie voor de plek komt ergens anders vandaan: de tot de verbeelding sprekende, gigantische strook asfalt van de basis. Deze unieke startbaan van 45 meter breed en 3 kilometer lang, totaal verlaten, straalt nog de geheimzinnige sfeer van de Koude Oorlog uit en schreeuwt om gewaagde en experimentele initiatieven. Ook de uit metersdikke lagen beton opgetrokken F15-shelters, met hun onverwoestbare deuren, vragen om nieuw gebruik. De gevaarlijke uitstraling van de F15's, de Wolfhound Strike Fighters, was een andere belangrijke aanleiding voor het ontwerp van Secret Operation 610.

and the history of the airbase in a new light every time.

The mobile sculpture is both an artwork and a mobile research space. Within the context of the airbase, it creates possibilities for innovative research programmes that would normally be impossible. Students from Delft University of Technology (Aerospace/CleanEra) are using it as a temporary location to develop a programme for the innovative, environmentally friendly aviation of the twenty-first century known as 'no noise, no carbon, just fly'. The old runway is the test site for state-of-the-art aviation experiments.

The Secret Operation 610 sculpture and the Shelter 610 hangar provide accommodation for researchers from different disciplines to carry out experiments and develop innovative ideas. The unusual combination of nature and Cold War history provides an exciting environment for developing knowledge about nature, technology and aviation.

RAAAF was asked, together with Studio Frank Havermans, to design a 'piece of furniture' for an undefined target group for use at Shelter 610, a hangar at the former Soesterberg military airbase that had housed US fighter aircraft in the past. At a unique, dismantled location like this, it is important to first gain an insight into its current and potential long-term qualities. This was a case of 'building in search of' a new programme, and there were various possible leads for appropriate programming. In order to describe our approach, we have selected just one example: sustainable aviation for the twenty-first-century. We will now describe how we used the strategic interventions method for the design process of Secret Operation 610, referring to the eleven principles mentioned earlier.

The Designer's Own Fascinations and Ambitions

From the outset of this project, RAAAF's ambition was to use the potential of vacancy for innovation. But our fascination with the site had its origins elsewhere: the base's infinite runway, which so greatly appealed to the imagination. This unique runway, 45 metres wide and 3 kilometres long, completely deserted, still has a secretive Cold War air about it, and it almost clamoured for daring and experimental initiatives. The F15 shelters, too, constructed of immense layers of concrete, with their indestructible doors, begged for a new purpose. The threatening appearance of the F15s, the Wolfhound Strike Fighters, was another important starting point for the design of Secret Operation 610.

Analyse van cultuurhistorie en bestaande kwaliteiten van een plek op verschillende schaalniveaus

De voormalige militaire vliegbasis kent een aantal kwaliteiten die nergens anders te vinden zijn. De startbaan heeft er bijvoorbeeld voor gezorgd dat de plek een rijke cultuurhistorie kent: luchtvaartpioniers als Anthony Fokker stegen hier vanaf 1913 met hun eerste vliegtuigen op. Dit was een grote publieke attractie. Gedurende de Koude Oorlog maakt de Amerikaanse luchtmacht gebruik van vliegbasis. In die tijd zijn de nog bestaande betonnen shelters gebouwd. Nu er geen F15's meer opstijgen en het gebied een publiek toegankelijke plek wordt, stelden RAAAF | Studio Frank Havermans zichzelf de vraag hoe de startbaan en de shelters een nieuwe betekenis kunnen krijgen in de 21e eeuw.

In verband met de groter wordende invloed van natuurbelangen op het terrein van de vliegbasis dreigen twaalf van de vijftien betonnen shelters ontmanteld te worden als natuurcompensatie. Daardoor zou een groot deel van de historie verdwijnen, evenals de belangrijke kwaliteiten die ermee gepaard gaan, zoals het asfaltnetwerk dat naar deze shelters leidt. Het is zaak om deze kwaliteiten te herkennen en te benutten. Daarom heeft het ontwerpteam er bewust voor gekozen om Shelter 610, een van de blijvende hangars, te verbinden met de startbaan. Er is gezocht naar gebruikers die de vliegbasis willen benutten als testlocatie, uitgaande van de specifieke kwaliteiten van de plek. Experimenten met vliegen staan hierbij, net als in het verleden, centraal. Nieuwe combinaties van wetenschap, ontwerp en technologie zorgen voor innovatieve experimenten die tot een nieuwe vorm van duurzaam vliegen leiden.

Shelter 610 en de mobiele sculptuur zijn onlosmakelijk met elkaar verbonden. Vele bestaande onderdelen van de shelter hebben invloed gehad op het ontwerp van Secret Operation 610. Zo hebben de breedte en de schaal van de shelter mede de vorm en het formaat van de mobiele sculptuur bepaald. De onderdelen vormen een samenhangend systeem en hebben een relatie met de startbaan. Zo staan er op het asfalt nog lijnen getekend vanaf de shelter tot aan de startbaan. Via de lier werden F15-vliegtuigen over deze lijnen naar binnen getrokken. Ook de bewegende shelterdeuren en stroken van tl-verlichting doen mee in dit systeem.

Vanuit Shelter 610 functioneert Secret Operation 610 als een katalysator voor de ontwikkeling van het shelterpark. De mobiele werkruimte schept nieuwe gebruiksmogelijkheden op de basis en in de leegstaande Shelter 610. De shelter is vochtig, koud en akoestisch

Analysis on Different Scale Levels of a Site's Cultural-Historical and Existing Qualities

The former military airbase has a number of qualities that are not found anywhere else. The runway, for example, has endowed the location with a rich cultural history: starting in 1913, aviation pioneers such as Anthony Fokker flew their first aeroplanes here – a major public attraction. The US air force used the airbase during the Cold War, when the concrete shelters, which are still in place, were constructed. Now that F15s no longer take off from the base and the area is to become publicly accessible, RAAAF | Studio Frank Havermans wondered how the runway and the shelters could be given new significance in the twenty-first century.

Due to the increasing influence of nature conservationists on the airbase precincts, twelve to fifteen of the concrete shelters were threatened with dismantlement to compensate for the loss of nature. This would mean that a great part of the site's history would disappear, along with important associated features such as the asphalt network leading to these shelters. It was important to identify these features and exploit them. This is why the design team consciously chose to connect Shelter 610, one of the remaining hangars, with the runway. Bearing in mind the site's specific qualities, a search began for users who wanted to use the airbase as a test location. As in the past, aviation experimentation was to be central: new combinations of research, design and technology will lead to innovative experiments that result in an new form of sustainable aviation for the future.

Shelter 610 and the mobile sculpture are inextricably linked. Many existing features of the shelter informed the design of Secret Operation 610 – the shelter's width and scale, for example, partly determined the shape and format of the mobile sculpture. The shelter's features create a cohesive system, and some of them, such as the painted lines on the tarmac, are also related to the runway; the F15 aircraft were winched inside over these lines. The shelter doors and the strips of fluorescent lighting are also part of this system.

Using Shelter 610 as its base, Secret Operation 610 functions as a catalyst for the development of the shelter park. The mobile workspace creates new possibilities for the use of the airbase and the vacant Shelter 610. The shelter was damp, cold and acoustically impossible but by turning it into a climatically

onwerkbaar, maar door een klimatologisch goede ruimte ervan te maken, wordt het werken een stuk prettiger en kan de shelter in zijn originele vorm behouden worden. De cultuurgeschiedenis blijft zo ervaarbaar en stimuleert de verbeelding van de gebruikers van de shelter.

Meeliften op grootschalige ontwikkelingen en processen

Twee relevante grootschalige ontwikkelingen op vliegbasis Soesterberg zijn: het plan van de provincie om van de vliegbasis een beschermd natuurgebied te maken en de aanwijzing van 'Hightech Systemen en Materialen' als een van de negen topsector van de Nederlandse Kennis en Innovatie Agenda. Luchtvaart- en ruimtevaarttechniek of Aerospace valt binnen deze topsector, waarvoor de ambitie is geformuleerd om de luchtvaart in Nederland in 2040 klimaatneutraal te laten opereren. Hiervoor moet technologie worden ontwikkeld om schoner, stiller en slimmer te kunnen vliegen. De meest efficiënte manier om snel tot goede toepassingen van innovatie te komen, is door onderling en met andere industriële sectoren samen te werken. De sector wil daarom een betere aansluiting tussen opleiding, onderzoek en marktvragen. Een 'luchtvaartcampus' vormt hierbij een belangrijke schakel, omdat het bijdraagt aan nauwe samenwerking en coördinatie tussen alle onderdelen van het ontwikkelings- en productieproces.

Innovatie binnen luchtvaart- en ruimtevaarttechniek komt grotendeels tot stand door middel van simulaties in tunnels en laboratoria. Maar daarnaast zijn locaties voor een-op-een-experimenten en testvluchten nodig. De extreme beperkingen van het natuurgebied van de vliegbasis, zoals de noodzaak van stilte en het verbod op de uitstoot van uitlaatgassen, scheppen samen met de drie kilometer lange startbaan bijzondere condities voor state-of-the-art vliegexperimenten ten behoeve van het 'groene vliegen'. Vliegbasis Soesterberg kan een internationale testlocatie voor het nieuwe vliegen worden. Daarom zal in het shelterpark een jaarlijkse zomercampus worden gehouden waar teams uit verschillende topsectoren (Hightech Systemen, Life Sciences, Creatieve Industrie) elkaar uitdagen tot het verkennen van de ongekende mogelijkheden. Voor teams van verschillende specialisten (ontwerpers, luchtvaart- en ruimtevaartdeskundigen, ecologen, etc.) wordt een workshop van een maand georganiseerd om tot nieuwe uitvindingen te komen. Deze worden bedacht, geproduceerd en getoond op Soesterberg.

Door te kiezen voor tijdelijkheid als strategie in plaats van herbestemming is er meer mogelijk. Zou hier geko-

congenial space, it has become considerably more pleasant to work in and the shelter has been retained in its original shape. This has made it possible to still experience its cultural history, something that stimulates the imagination of the shelter's users.

Use the Forces of Large-scale Developments and Processes

Two large-scale developments relevant to the Soesterberg airbase were: a provincial plan to designate the airbase as a nature conservation area, and the Dutch government's designation of 'High Tech Systems and Materials' as one of the nine 'top sectors' in its Knowledge and Innovation Agenda. Aerospace has been included in this sector, with the stated goal of ensuring that Dutch aviation is climate neutral by 2040. To achieve this goal, technology will have to be developed for cleaner, quieter and more intelligent aviation. The most efficient way to quickly find appropriate applications for innovation is through collaboration within a sector and with other industrial sectors. The sector therefore aims to ensure that education, research and market demands connect up better. An 'aviation campus' is an important link in this aspiration because it contributes to a close collaboration and coordination between every aspect of the development and production process.

Innovation in aerospace engineering is mostly the result of simulations in tunnels and laboratories. But locations for full-scale experiments and test flights are also needed. The extreme restrictions imposed by the airbase's nature conservation area, such as the requirement for silence and the prohibition on exhaust emissions, together with the three-kilometre-long runway, create unique conditions for state-of-the-art aviation experiments in the search for environmentally friendly aviation. The Soesterberg airbase can become an international test site for the innovative aviation of the twenty-first century. The shelter park will therefore host an annual summer campus, with teams from different top sectors (High Tech, Life Sciences, Creative Industries) challenging each other to explore the unknown. A one-month workshop will be organized for teams comprised of different specialists (designers, aerospace engineers, ecologists etc.), aimed at achieving inventions that will be conceived, produced and exhibited at Soesterberg.

Choosing temporary use rather than redevelopment as a strategy created more options. If redevelopment had been chosen it would, at the time of writ-

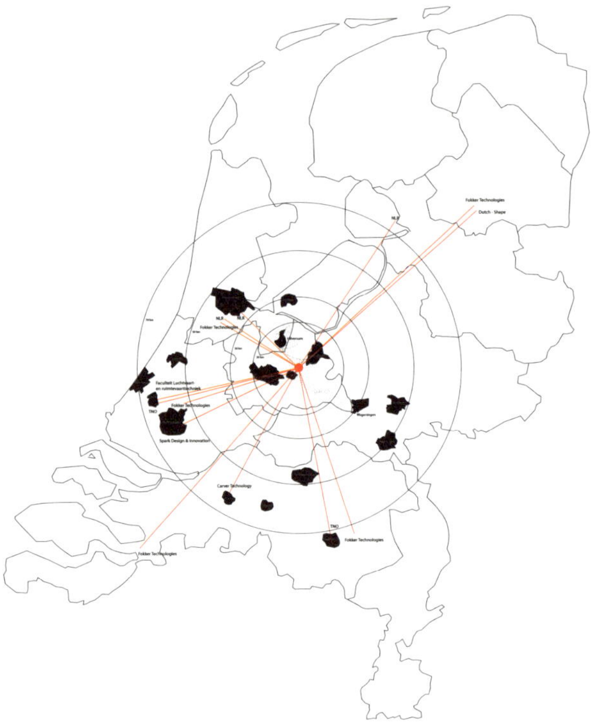

The position of Soesterberg airbase in the aviation knowledge and innovation network.

De positie van vliegbasis Soesterberg in het kennis- en innovatienetwerk van de luchtvaart.

zen zijn voor herbestemming, dan zou daar anno 2014 geen draagvlak voor zijn: er is geen geld voor een permanente luchtvaartcampus en er is strenge regelgeving. Om te kunnen meeliften op de grootschalige ontwikkelingen en processen is 'de tussentijd' in dit geval dus een bruikbare focus. Het biedt de mogelijkheid direct te beginnen. Zo kan een shelterpark ontstaan waarin verschillende partijen onderzoek doen en innovatieve experimenten uitvoeren.

Nieuwe allianties met onderzoekers, belanghebbenden en specialisten

Het is de kunst om bij projecten de ideale partner en/of eindgebruiker te vinden die dezelfde langetermijn-ambitie heeft. Ontwerpers hebben hierbij een initiërende rol. Bij Soesterberg bleek die ideale partner de Faculteit Luchtvaart- en Ruimtevaarttechniek van de Technische Universiteit Delft te zijn. Het is een partij die de individuele initiatieven ontstijgt, veel onderzoekers met wetenschappelijke en technologische kennis in dienst heeft die graag willen experimenteren, en mede daarom het belang van een experimenteerplek in Nederland onderschrijft. Bovendien heeft de TU Delft een belangrijke stem in het beleid van de KIA-topsector Hightech Systemen. De TU beschikt ook over een netwerk, waardoor allerlei nieuwe partners voor de vliegbasis gevonden kunnen worden waar ontwerpers simpelweg minder goed toegang toe hebben. De rol van de ontwerper is hierbij om de kennis en ambities van deze partijen te vertalen naar een ruimtelijke strategie en ontwerp.

Gewenste ontwikkelingen in werking zetten

De mobiele sculptuur vormt samen met Shelter 610 de thuisbasis van waaruit verschillende partijen kunnen gaan werken. Het is een werkplek die ruimte biedt aan tien personen en gemaakt is om zich te verplaatsen. Zo kan elke denkbare plek op de vliegbasis plotseling een onderzoekslocatie worden. Door deze focus op kennisontwikkeling is Secret Operation 610 voorbeeldstellend voor de verdere ontwikkeling van de luchtvaartcampus op de vliegbasis. Voor de Luchtvaart- en Ruimtevaarttechniek van de TU Delft zal de onderzoeksruimte vaak verplaatst worden naar de startbaan, waar ze als 'control room' voor vliegexperimenten kan dienen. Dankzij de mobiliteit maximaliseren we de toegang tot verschillende plekken op de basis en maken we voor iedere groep verblijf op de meest geschikte plek mogelijk. Tegelijkertijd creëert het project een bewustzijn van en zorgvuldige omgang met Koude-Oorlogsmo-

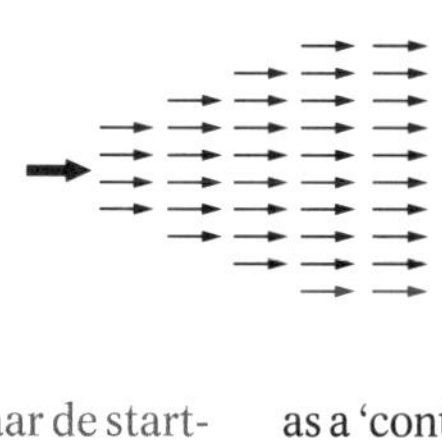

ing, have received little support in view of the current economic climate, due to a lack of money for a permanent aerospace campus and strict regulation. In order to capitalize on the large-scale developments and processes at play, the 'interim' is, in this case, a useful focus as it makes it possible to start immediately: a shelter park can be developed where different parties can carry out research and innovative experiments.

New Alliances between Researchers, Interested Parties and Specialists

In a project, the key is to find the ideal partner and/or end user who shares the same long-term ambition. Designers play an initiating role here. For Soesterberg, the ideal partner turned out to be Delft University of Technology's Faculty of Aerospace Engineering: it transcends individual initiatives and it employs many researchers with scientific and technological expertise who are keen to experiment, which is partly why it endorses the importance of a location for experimentation in the Netherlands. The university also plays an important role in formulating policy for the KIA High Tech top sector. Moreover, it has a network that can be used to find all sorts of new partners for the airbase – a network that designers simply have less access to. The designer's role here is to translate these parties' knowledge and ambitions into a spatial strategy and design.

Setting 'Desired Developments' in Motion

Together with Shelter 610, the mobile sculpture forms the home base from which different parties can work. It provides space for ten people to work in and it has been made to be mobile, so that any possible spot on the airbase can suddenly be transformed into a research location. This focus on knowledge development makes Secret Operation 610 exemplary for the further development of the aerospace campus on the airbase. For Delft University's Faculty of Aerospace Engineering the research space will often be moved to the runway, where it will serve as a 'control room' for aviation experiments. Thanks to its mobility, we are able to maximize access to different locations on the base and make it possible for any group to be located at the spot best suited to its needs. The project also creates an awareness and careful treatment of Cold War monuments, something that has received little attention in the Netherlands so far.

numenten, waar nu geen aandacht voor is in Nederland.

Het meest kenmerkende onderdeel van het monumentale ensemble van de vliegbasis is de startbaan. Natuurbeheerders willen deze juist doorsnijden om oversteekplaatsen voor dieren te creëren. Doordat de mobiele sculptuur het asfalt van de startbaan echt nodig heeft, draagt deze strategische interventie bij aan de door RAAAF gewenste aandacht voor dit unieke stuk bedreigd erfgoed uit de Koude Oorlog.

Schijnbaar tegengestelde belangen en elementen verbinden

Op de plek waar Anthony Fokker en andere pioniers vanaf 1913 met hun experimentele kisten opstegen en later NAVO-straaljagers dagelijks het luchtruim betraden, heeft de natuur inmiddels de vliegmachines van weleer verdreven. Luchtvaart- en Ruimtevaarttechniek van de TU Delft kwam zelf tot het besef dat de strenge natuurwetgeving juist de ideale stimulans is voor innovatie. Geluidloos vliegen zonder emissies schept voor hen de ideale randvoorwaarden om innovatieve technieken te ontwikkelen. Het nieuwe vliegen is groen: 'no noise, no carbon, just fly'. Hun state-of-the-art experimenten in de lucht zijn vooral afgeleid van de beweging van vogels en insecten, waardoor natuur met luchtvaarttechnologie wordt verbonden. Bij het ouderwetse vliegen met straalmotoren was het vanuit natuurbeleid ondenkbaar dat natuur samen kon gaan met vliegen op een en dezelfde locatie.

Langetermijnambities verlengen

De politieke situatie in Soesterberg is exemplarisch voor Nederland: de provincie en de gemeente denken vooral vanuit een bestemmingsplan dat op korte termijn goedgekeurd moet worden, maar voor de realisatie waarvan voorlopig geen geld beschikbaar is. RAAAF heeft zich echter afgevraagd wat deze voorlopig nog leegstaande plek idealiter over twintig jaar zou kunnen zijn, en wat wij nú kunnen doen om richting die toekomstvisie te bewegen.

In plaats van tijd te verdoen met eindeloze discussies over mogelijke veranderingen in het bestemmingsplan, zetten we de tussentijd in als strategie. Door een testfase voor enkele jaren (2014–2015) te realiseren, kunnen we op heel korte termijn al de potentie van de plek overtuigend laten zien. Er wordt gedurende vier weken per jaar een vliegcampus georganiseerd waar (internationaal) talent van de universiteiten en het bedrijfsleven hun innovatieve vliegende en rijdende objecten testen. In het ideale scenario leidt deze tus-

The most striking feature of the monumental airbase is its runway. Nature conservationists want to cut through this runway to create transit points for wildlife. The asphalt of the runway is indispensable for the mobile sculpture, and this strategic intervention therefore contributes to the attention that RAAAF hopes to draw to this unique and threatened Cold War heritage site.

Connecting Seemingly Contradictory Interests and Issues

Today, nature has dislodged the aircraft from the location where, from 1913 onward, Anthony Fokker and other pioneers took off in their experimental flying machines and, later, NATO fighter jets entered the airspace daily. The Delft University of Technology's Faculty of Aerospace Engineering itself realized that the strict environmental legislation was actually the ideal starting point for innovation. Silent flight without emissions creates the ideal preconditions for them to develop innovative technology. The new aviation is environmentally friendly: 'no noise, no carbon, just fly'. Their state-of-the art experiments in the air are primarily derived from the movement of birds and insects, linking nature and aviation technology. In the era of old-fashioned aviation, with its jet engines, it was unthinkable from an environmental point of view that nature and aviation could be linked in one and the same spot.

Extending Long-Term Ambitions

The political situation in Soesterberg is typical of the Netherlands: the province and the municipality think primarily in terms of a zoning plan that has to be approved in the short term but that cannot be realized at this moment due to a lack of money. RAAAF wondered, however, what this location, which will remain vacant for the time being, could ideally become in twenty years' time, and what can be done now to move in the direction of this vision for the future.

Instead of wasting time on endless discussions about possible changes to the zoning plan, we used the interim as a strategy. By realizing a test phase for a couple of years (2014–2015), we can convincingly demonstrate the location's full potential in the very short term. A four-week aviation campus will be organized where talented (international) students and commercial parties can test their flying and driving objects. Ideally, this interim phase will, in the long

2

sentijdse fase op lange termijn tot een bruisend laboratorium voor het vliegen van de 21ste eeuw.

Schaalniveaus verbinden

Vanuit de opdracht om het interieur van één shelter vorm te geven – de opdrachtgever vroeg, zoals gezegd, om een meubelstuk voor een nog nader te bepalen gebruikersgroep –, hebben we uiteindelijk een ontwerp gemaakt waarmee de hele vliegbasis op lange termijn gekoloniseerd kan worden. RAAAF's primaire focus lag hierbij op wat de vliegbasis idealiter zou kunnen zijn. Daarnaast bleek uit het onderzoek dat wij in samenwerking met Luchtvaart- en Ruimtevaarttechniek van de TU Delft hebben uitgevoerd, dat Nederland ten opzichte van de omringende landen ook politiek gezien de ideale plek is voor een innovatieve campus in deze sector. Landen met een grote aeronautische industrie zoals Engeland, Duitsland en Frankrijk zouden, vanwege hun onderlinge concurrentie op het gebied van duurzame luchtvaart, het nooit van elkaar accepteren als een van hen een dergelijke plek in eigen land zou opzetten. Dankzij de minder dominante positie van Nederland in dit vakgebied levert zo'n luchtvaartcampus hier geen internationaal conflict op.

Rol en beleving voor verschillende gebruikersgroepen integreren en visualiseren

In plaats van een beoogd gebruik voor te programmeren, anticipeert de mobiele sculptuur op mogelijke vormen van gebruik op uiteenlopende locaties. De ontwerpers van RAAAF en Studio Frank Havermans hebben zich een jaar lang, elke week, op locatie in en rondom Shelter 610 in alle stilte teruggetrokken om aan het ontwerp te werken. Zo ontstond er bij de ontwerpers niet alleen gevoel voor de plek zelf, maar ook voor het gebruik waar het om vraagt. Dit leidde tot een serie verkenningen waarbij de ontwerpers zich onder meer afvroegen: hoe beweeg je je op de 500 hectare grote vliegbasis? Hoe gebruik je de shelter en de startbaan? Hoe werk je in en rondom de shelter?

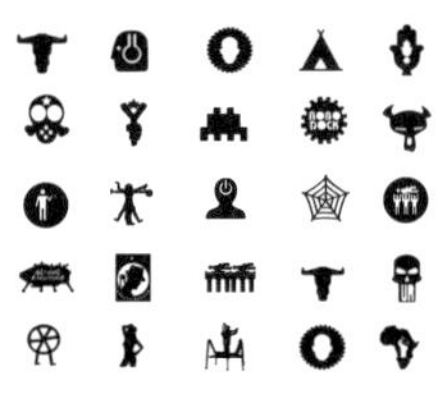

De mobiele onderzoeksruimte is nadrukkelijk zo ontworpen dat onderzoekers er op verschillende manieren comfortabel in kunnen werken met maximaal uitzicht op de omgeving, bijvoorbeeld op de kilometerslange startbaan. Gebruikers kunnen zelf bepalen hoe ze zich het object en de vliegbasis toe-eigenen. Wanneer de shelterdeuren dicht zijn, ontstaat een compleet donkere wereld in de shelter, waar bijvoorbeeld lichtexperimenten gedaan kunnen worden door een partij als Philips Lighting. Daarnaast kan het object in z'n geheel verplaatst

run, result in a vibrant laboratory for twenty-first-century aviation.

Connecting Scale Levels

Based on our assignment to design the interior for one shelter (as already mentioned, the client asked for a piece of furniture for an undefined target group), we ultimately designed something that can, in the long run, colonize the whole airbase. Our primary focus here was on what the airbase could ideally be. In addition, the research we carried out with Delft University of Technology's Faculty of Aerospace Engineering showed that the Netherlands, in relation to its neighbours, is politically the ideal place for an innovative campus for the aviation sector. Countries with a large aeronautical industry, such as the United Kingdom, Germany and France, would, because of their mutual competition in the field of sustainable aviation, find it unacceptable if one of them set up a similar campus; the Netherlands' less dominant position in this sector means that such a campus here will not lead to any international disputes.

Integrating and Visualizing the Role and Experience of Different User Groups

Instead of pre-programming an intended use, the mobile sculpture anticipates possible uses in various locations. For a year, the designers from RAAAF and Studio Frank Havermans were on location in and around Shelter 610 every week, working in silent retreat on the design. This way, the designers developed not only a sense of the location itself but also a sense for the use it demanded. This led to a series of explorations during which the designers asked themselves: how does one move on this 500-hectare airbase? How does one use the shelter and the runway? How does one work in and around the shelter?

The mobile research 'think tank' has been emphatically designed in such a way that researchers can work comfortably in different ways and have the widest possible view of the surroundings, including the kilometres-long runway. Users themselves can determine how they appropriate the object and the airbase. Shutting the shelter doors creates a completely dark world where companies like Philips Lighting can carry out lighting experiments. Besides this, the object as a whole can be moved to wherever is most

worden naar de beste plek in het gebied voor dat moment. Aanleidingen voor ongedwongen interacties zijn hier ook bewust ontworpen: een plateau aan de achterkant biedt enkele mensen de mogelijkheid om buiten staand van het uitzicht te genieten. Via de poten kan men aan de buitenkant boven op het object klimmen. Het interieur is zo ontworpen dat het verstelbaar en verplaatsbaar is, waardoor verschillende manieren van werken mogelijk zijn. Zo hebben de stoelen een 'passieve' en 'actieve' stand, en kan de tafel uit het plafond getrokken worden op het moment dat het nodig is. De zitplekken voor het grote raam in de kop vormen een ideale observatiepost, maar dienen tegelijk als plekken om je even af te zonderen, alleen of samen met iemand anders.

Experimenteer met verschillende visualisatietechnieken

Een ontwerp is pas goed te beoordelen wanneer het goed zichtbaar is (cf. Brouwers & Rietveld, under review). Het ontwerp voor Secret Operation 610 is hiertoe op meerdere schalen en door verschillende technieken gevisualiseerd. Uiteindelijk was er een enorme collectie beelden: een maquette van de shelter en de directe omgeving; maquettes van de mobiele sculptuur in zijn geheel (op verschillende schalen); maquettes van specifieke onderdelen van de sculptuur (zoals het zwenkwiel, de voor- en achterpui en de aansluiting op de rupsbanden); 3D-modellen van het gehele ontwerp, inclusief de constructieve onderdelen en het interieur; collages van het object op verschillende plekken op de vliegbasis. Dit levert een breed referentiekader op en stelt de ontwerper in staat overzicht te houden en de consequenties van mogelijke aanpassingen van het ontwerp te zien op verschillende schaalniveaus, waardoor betere beslissingen genomen kunnen worden.

Bij het ontwerpen aan bepaalde onderdelen is bewust gezocht naar variatie in visualisatie: in schaal en perspectief, maar ook in de (materiële) vorm waarin het ontwerp wordt uitgeprobeerd. Daarbij is telkens ingezoomd op de kleinste details van het ontwerp om vervolgens weer uit te zoomen en het betreffende detail als onderdeel van het geheel te evalueren. Verschillende media bieden verschillende perspectieven op het ontwerp en zorgen dat een detail op de juiste manier in het geheel gezien kan worden. Daarom werd tijdens het ontwerp geschakeld tussen technische tekeningen, kartonnen maquettes, schetsen en diverse nieuwe visualisaties. Zo konden de mogelijkheden van de diverse varianten beter worden gezien en verder ontwikkeld worden.

suitable at any point in time. Opportunities for spontaneous interaction have also been consciously incorporated into the design: a plateau at the rear makes it possible for several people to stand outside and enjoy the view, and they can even climb to the top of the object via the legs. The interior has been designed to be adjustable and mobile, so people can work in different ways – the seats have a 'passive' and 'active' position, and the table can be pulled down from the ceiling when needed. The seats in front of the large window in the cockpit create the ideal observation post but they also serve as places to withdraw, either alone or with others.

Experiment with Different Visualization Techniques

A design can only be properly assessed when it is clearly visible (cf. Brouwers & Rietveld, under review). This is why the design for Secret Operation 610 was visualized on several scales using a variety of techniques. In the end, we had a huge collection of images: a scale model of the shelter and its immediate surroundings; scale models of the mobile sculpture as a whole (in different scales); scale models of specific parts of the sculpture (such as the swivel wheel, the front and rear facades, and the connections of the caterpillar tracks); 3D models of the entire design, including the structural parts and the interior; and collages of the object at different locations on the airbase. This created a broad frame of reference and enabled the designers to keep an overview and observe the consequences of possible adjustments to the design at different scale levels; as a result, better decisions could be made.

For the design of certain parts we consciously sought a variety of visualizations: in scale and perspective but also in the (material) form for testing the design; for each design we zoomed in on its minutest details, only to zoom back out again so we could evaluate the detail concerned as part of the whole. Different media provide different perspectives on a design and ensure that a detail can be seen correctly as part of a whole. For this reason, we switched between technical drawings, cardboard scale models, sketches and various new visualizations during the design stage. This enabled us to better see the potential of the different options and to develop the design further.

While the sculpture was being constructed, the design was also adjusted and developed step by step:

Tijdens het bouwen van de sculptuur werd het ontwerp ook nog aangepast en stap voor stap verder ontwikkeld. Zo zijn onderdelen van het interieur niet alleen op papier en in een 3D-programma getekend, maar ook meteen op werkelijke schaal op locatie in hout gemaakt om te testen hoe het er daadwerkelijk uit zou komen te zien.

Helder concept en krachtige verbeelding

Het gevoel dat Secret Operation 610 oproept en het beeld dat het oplevert is cruciaal. Het concept was een mobiele sculptuur die refereert aan de gemene uitstraling van de F15's die tijdens de Koude Oorlog in Shelter 610 stonden en die tegelijk ook kan fungeren als een ruimte voor onderzoekers en ontwerpers van het 'groene vliegen'. Een krachtige verbeelding van het concept is onontbeerlijk geweest in het proces. Zo was het belangrijk om te verbeelden hoe de mobiele sculptuur zich tot zijn thuisbasis Shelter 610 verhoudt en wat de ervaring is op het moment dat de shelterdeuren openen: wanneer die met veel geluid opengaan, kijkt het spitse object – net als de F15-straaljagers tijdens de Koude Oorlog – streng en recht naar voren. De mobiele sculptuur is qua schaal exact op maat gemaakt voor Shelter 610, maar past tegelijkertijd ook precies bij het schaalloze landschap van de vliegbasis. Ook de visualisatie in collages van het gebruik van de mobiele sculptuur op verschillende plekken op de vliegbasis was belangrijk, om zowel de opdrachtgever als belanghebbenden te enthousiasmeren.

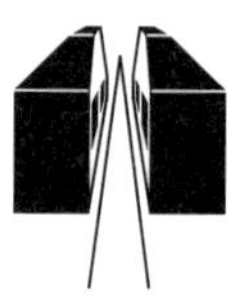

Het 'groene vliegen' van de 21e eeuw is voor velen een abstract begrip. Het was belangrijk deze nieuwe wereld te verbeelden. Niet alleen voor de opdrachtgever, maar ook voor onszelf, als een tijdelijke utopie vol ongekende mogelijkheden om naartoe te werken in de realiteit.

Op elke plek en op elk moment kan het object opduiken. Steeds genereert het een andere ervaring voor zowel gebruikers als toeschouwers. De onvoorspelbare, bewegende sculptuur in een stilstaand landschap roept het gevoel op dat er weer ontwikkelingen mogelijk zijn. De surrealistische verschijning van het object daagt uit tot nieuwe experimenten.

parts of the interior were drawn on paper and in a 3D program but wooden mock-ups were also made on location in order to test what they would really look like.

Clear Concept and Powerful Visualization

The feeling that Secret Operation 610 evokes and the image it portrays are crucial. The concept involved a mobile sculpture that refers to the threatening appearance of the F15s that were housed in Shelter 610 during the Cold War but can also serve as a 'think tank' for researchers and designers involved in environmentally friendly aviation. A powerful visualization of the concept was indispensable to the process. It was important to visualize how the mobile sculpture would relate to its home base, Shelter 610, and what it would be like when the shelter doors thundered open, revealing the angular object looking severely ahead, just like the F15 jet fighters during the Cold War. The scale of the mobile sculpture has been made to fit in exactly with Shelter 610 but at the same time it also fits in perfectly with the 'scaleless' landscape of the airbase. The collage visualization of how the mobile sculpture would be used in different locations on the airbase was vital in kindling the client's and stakeholders' enthusiasm.

To many people, the environmentally friendly aviation of the twenty-first century is an abstract concept. It was therefore important not only for the client but also for ourselves to imagine this new world as a temporary utopia filled with unexplored opportunities that we could work towards in reality.

The object can emerge anywhere anytime. It continues to generate a different experience for both users and spectators. The unpredictable, mobile sculpture in a still landscape evokes the sense that new developments are again possible. The object's surreal appearance lays down the challenge to make new discoveries.

Soesterberg airbase as a laboratory and a public attraction in 1948 en 2020.

Vliegbasis Soesterberg als laboratorium en publieke attractie in 1948 en 2020.

①

Paradoxically, after the municipal monument Bunker 599 had been sliced in two, it became a national heritage site (RAAAF | Atelier de Lyon).
Na het doorzagen van het gemeentelijk monument Bunker 599 verwierf het paradoxaal genoeg de status van rijksmonument (RAAAF | Atelier de Lyon).

②

Man's eternal longing to fly. Daedalus and his son Icarus. Painting by Charles-Paul Landon, 1799.
Het eeuwige verlangen van de mens om te vliegen. Daedalus en zijn zoon Icarus. Schilderij van Charles-Paul Landon, 1799.

Endnotes Noten

1 This section is based on an ongoing collaborative research project on affordances by Julian Kiverstein and Erik Rietveld at the University of Amsterdam.

1 Deze paragraaf is gebaseerd op een filosofisch onderzoek naar affordances door Julian Kiverstein en Erik Rietveld aan de Universiteit van Amsterdam.

2 Gibson, J.J. (1979) *The ecological approach to visual perception*. Boston: Houghton Mifflin.
Chemero, A. (2003). An outline of a theory of affordances. *Ecological Psychology*, 15 (2), pp. 181–195.
Kiverstein, J. & Rietveld, E. (2012). Dealing with context through action-oriented predictive processing. *Frontiers in Theoretical and Philosophical Psychology* 3 (421), pp. 1-2.
Rietveld, E. (2008). Situated normativity: The normative aspect of embodied cognition in unreflective action. *Mind*, 177 (468), pp. 973-1001

2 Gibson, J.J. (1979) *The ecological approach to visual perception*. Boston: Houghton Mifflin.
Chemero, A. (2003). An outline of a theory of affordances. *Ecological Psychologie*, 15 (2), pp. 181–195.
Kiverstein, J. & Rietveld, E. (2012). Dealing with context through action-oriented predictive processing. *Frontiers in Theoretical and Philosophical Psychology* 3 (421), pp. 1-2.
Rietveld, E. (2008). Situated normativity: The normative aspect of embodied cognition in unreflective action. *Mind*, 177 (468), pp. 973-1001.

3 Cf. A. Brouwers and E. Rietveld (under review). *Optimal Grip on Affordances in Architectural Design Practices: An Ethnography*.

3 Cf. A. Brouwers & E. Rietveld (under review). *Optimal Grip on Affordances in Architectural Design Practices: An Ethnography*.

II

PARACHUTING ABOVE VACANT NL

PARACHUTESPRINGEN BOVEN VACANT NL

4

DESIGNING FOR TEMPORARY USE AS A PROFESSION

VAKMANSCHAP IN DE TUSSENTIJD

De binnenstedelijke luchthaven Tempelhof in Berlijn werd in oktober 2008 gesloten. Voor het vliegveld van circa 380 hectaren definieerde Urban Catalyst Studio met raumlaborberlin en mbup condities voor tijdelijk gebruik en maakt tegelijkertijd plannen voor de herontwikkeling van het hele gebied. Door de hekken van dit enorme terrein open te zetten kunnen avonturiers ineens midden in de stad activiteiten ontplooien waarvoor ze voorheen de stad uit moesten. Zo kunnen in de zomermaanden fietsers, skaters, wandelaars, tuinders, buitenkoks en power kiters hun hart ophalen op de enorme landingsbanen en picknicken op de tussenliggende grasvelden. In de wintermaanden ontstaan er spontaan langlaufroutes in de sneeuw.

Berlin's inner-city Tempelhof airport was closed in October 2008. Urban Catalyst Studio with raumlaborberlin and mbup defined conditions for the temporary use of the 380-hectare airport and at the same time made plans for the redevelopment of the whole area. By opening the fences of the airport's enormous precincts, adventurers can suddenly carry out activities in the middle of the city that they previously had to leave the city for: in the summer cyclists, skaters, walkers, gardeners, outdoor cooks and power-kiters indulge themselves on the endless runways and picnic on the fields in between; in the winter cross-country skiing routes spontaneously appear in the snow.

4 Vakmanschap in de tussentijd

Ester van de Wiel en Martine Zoeteman

Het onderwijs biedt vrije denkkaders en is daarom de uitgelezen plek om nieuwe ontwerpbenaderingen te testen voor actuele opgaven zoals het leegstandsvraagstuk. Het Sandberg Instituut (masterprogramma's Gerrit Rietveld Academie, Amsterdam) is daartoe onder leiding van architect Ronald Rietveld en filosoof Erik Rietveld de tijdelijke master Studio Vacant NL gestart in september 2011. Studio Vacant NL heeft de ambitie om in twee jaar ontwerptalent en creatieve pioniers op te leiden tot specialisten in tijdelijk hergebruik van leegstand.[1] Het team – een collectief dat in wisselende samenstelling ook na afloop van het masterprogramma nog samenwerkt – is bewust samengesteld uit deelnemers en docenten met diverse achtergronden: politicologie, architectuur, ontwerp publieke ruimte, interieurontwerp, economie, filosofie, landschapsarchitectuur, beeldende kunst en interactieontwerp. Daarnaast zijn andere specifieke experts, vaak van buiten het ontwerpveld, bij het lesprogramma betrokken, die met hun kennis de gebruikelijke denkkaders rond leegstand oprekken. Denk aan een juridische adviseur, voormalige kraker, app-maker, fietsenmaker, materiaalspecialist, curator en een scenograaf. Het team biedt zo verschillende perspectieven op het leegstandsvraagstuk, die elkaar verrijken en die de basis leggen voor nieuwe denk- en werkwijzen.

Dit hoofdstuk geeft inzicht in de wijze waarop de deelnemers en docenten van Studio Vacant NL gezamenlijk vorm en invulling hebben gegeven aan het onderwijsprogramma. In het eerste deel wordt 'ontwerpen in de tussentijd' als specifiek ontwerpvak gedefinieerd. Deze manier van ontwerpen wijkt af van 'traditionele' ontwerpprocessen. De verhouding tussen denk- en maakproces is anders, evenals de verhouding tussen ontwerper en eindgebruiker. In het tweede deel wordt beschreven hoe tijdens twee jaar Studio Vacant NL de deelnemers zijn opgeleid volgens de principes van ontwerpen in de tussentijd. Het opleiden van ontwerpers met als specialisatie tijdelijk gebruik is nieuw, waardoor Studio Vacant NL niet alleen een zoektocht naar nieuwe denk- en werkwijzen voor leegstand is, maar ook naar nieuwe vormen van ontwerponderwijs. Deze onderwijservaringen, de kennis die is opgebouwd en de nieuwe vakmanschappen die daaruit zijn voortgekomen, bieden aanknopingspunten voor zowel ontwerpers in de praktijk als docenten

4 Designing for Temporary Use as a Profession

Ester van de Wiel and Martine Zoeteman

Education provides open frameworks for unrestrained experimentation and discovery and therefore provides the perfect opportunity to test new design approaches for contemporary issues such as vacancy. In September 2011, the Sandberg Instituut started the temporary Studio Vacant NL programme, directed by architect Ronald Rietveld and philosopher Erik Rietveld, to address this issue. The ambition of Studio Vacant NL is to train talented designers and creative pioneers as specialists in the temporary use of vacant buildings and sites.[1] The team – a collective that also has continued to work in different combinations since the Master's programme ended – was consciously composed of participants and tutors from various backgrounds: political science, architecture, public space design, interior design, economics, philosophy, landscape architecture, the visual arts and interaction design. Other experts, often from specific disciplines outside the field of design, were also involved in the teaching programme; with their expertise, they expanded the usual frameworks for thinking about vacancy. Think here of an app-maker, a lawyer, bicycle-maker, materials engineer, curator, scenographer and even a former squatter. This meant the team provided different perspectives on the issue of vacancy that complemented each other and laid the foundations for new work methods and frameworks for thinking.

This chapter provides an insight into how Studio Vacant NL's participants and tutors together gave the teaching programme form and substance together. The first part defines 'designing for temporary use' as a specific design profession. This way of designing diverges from 'traditional' design processes: the relationship between thought processes and realization is different, as is the relationship between the designer and the end user. The second part describes how Studio Vacant NL's participants were trained for two years according to the principles of designing for temporary use. Training designers specialized in temporary use is new and this meant that Studio Vacant NL was a quest, not only for new ways of thinking about and working with vacancy but also for new forms of design education. These educational experiences, the knowledge that has been accumulated and the new

en studenten in het ontwerponderwijs die aan de slag gaan met de ongebruikte ruimte in steden.

Ontwerpen in de tussentijd

Onverwacht gebruik in het witte land

Iedere vorm van leegstand kan geduid worden als 'ongebruikte ruimte'. Deze ongebruikte ruimte, ook wel 'speling van de stad' genoemd, omvat meer dan alleen leegstaande gebouwen en verlaten terreinen. In hoge ruimtes is bijvoorbeeld bovenin ook vaak sprake van overmaat. Of denk aan een schoolplein dat tijdens weekenden en in de schoolvakanties onbenut blijft. 'Ongebruikte ruimte' is bijna altijd ruimte die vormgegeven is voor een bepaald type gebruik, maar die nu (tijdelijk) wacht op een nieuwe invulling, veelal van een ander type. Deze zogenaamde wachtgronden hebben een nieuw programma nodig, omdat het oorspronkelijke programma klaarblijkelijk niet meer actueel is of tijdelijk stilligt. Het leegstandsvraagstuk kan in feite dus geïnterpreteerd worden als een strategische in-gebruik-neem-opgave van ongebruikte ruimte. Hierbij is het van belang om de ruimte en de mogelijke eindgebruikers ervan zodanig op elkaar af te stemmen dat het publieke domein van de stad wordt vergroot en verrijkt.

Al enkele decennia laten pioniers zien hoe het strategisch in gebruik nemen van ongebruikte ruimte invloed heeft op het leven in de stad.[2] Denk aan architect Aldo van Eyck, die tussen 1947 en 1978 ruim 700 verwaarloosde pleinen, straathoeken, braakliggende percelen, plantsoenen en binnenhoven transformeerde tot speeldomein voor kinderen. Of aan Liz Christy, die in 1973 samen met de Green Guerillas een braakliggend terrein in Manhattan (New York) kraakte, daar een gemeenschappelijke tuin creëerde en zo de basis legde voor de inmiddels wereldwijd toegepaste 'guerrilla gardening'. Of aan de Duitse landschapsarchitect Klaus Overmeyer, die met zijn boek *Urban Pioneers* (Berlijn 2007) het belang van tijdelijk gebruik in de ontwikkeling van de stad duidde en sindsdien zijn Urban Catalyst Studio rondom dit fenomeen organiseert.[3] Deze pioniers beginnen veelal vanuit hun eigen verlangen naar andere vormen van ruimtegebruik en een andere stedelijke omgeving. Om dit verlangen te verwezenlijken, benutten ze proactief de beschikbare ruimte in de stad (zie p. 120). Ze omzeilen de trage formele stadsplanning en tonen onverwachte gebruiksmogelijkheden, waar de geplande stad niet altijd in kan voorzien.

Sinds de start van de huidige crisis in 2008 is de hoeveelheid ongebruikte ruimte in steden, met name in de vorm van leegstaande kantoren en overheidsgebou-

skills this has led to provide leads for both designers in practice and teachers and students in design education who use the unused space in cities.

Designing for Temporary Use

Unexpected Use in the Blank Land

Every form of vacancy can be referred to as 'unused space'. This unused space includes more than only vacant buildings and deserted lots of land. Buildings with high ceilings, for example, often have excess space, and think of school yards that are unused at weekends and during school holidays. Unused space is nearly always space that has been shaped for a particular type of use but is now (temporarily) waiting for a new, often completely different purpose. These so-called 'waiting sites' or 'fallow sites' require a new programme because the original programme is apparently no longer relevant or has come to a temporary standstill. The vacancy issue can therefore be interpreted as a strategic 'how-to-use' assignment. It is important to harmonize these spaces with possible end users in such a way that the public domain of a city is increased and enriched.

For decades, pioneers have been showing how the strategic use of unused space influences life in a city:[2] think of architect Aldo van Eyck who, between 1947 and 1978, transformed more than 700 neglected squares, street corners, vacant lots, meadows and courtyards into playgrounds for children; or Liz Christy who, in 1973, together with the Green Guerillas occupied a wasteland in New York's Manhattan, created a community garden and thus laid the foundation for the now internationally deployed 'guerrilla gardening'; and what of the German landscape architect Klaus Overmeyer, whose *Urban Pioneers* (2007) showed the importance of temporary use for the development of the city and who has since organized his Urban Catalyst Studio around this issue.[3] These pioneers often start from their own desire for other forms of spatial use and a different urban environment. To realize this desire, they proactively use the available space in a city, evading the drawn-out, formal urban planning procedures to show unexpected possibilities for use that formal city planning cannot always provide.

Since the start of the current crisis in 2008, the amount of unused space in cities, especially in the shape of vacant office and government buildings, has increased exponentially. A great deal of this available space – aptly referred to by Jurgen Bey as 'the Blank Land' (chapter 6) – is suitable for use as public space. But instead

wen, exponentieel toegenomen. In potentie is veel van deze beschikbare ruimte – door Jurgen Bey treffend geduid met de term 'het witte land' (hoofdstuk 6) – geschikt als publieke ruimte. Maar in plaats van deze ruimte te benutten als experimenteerplek voor publiek gebruik, gaan de ongebruikte vierkante meters veelal letterlijk op slot in afwachting van sloop of herbestemming. Om wel die deur naar scenario's voor publieke domeinen te openen, focust een ontwerper in de tussentijd niet op het herstellen van de fysieke architectuur, zoals het geval is bij renovatie en herbestemming – relatief trage en kostbare aangelegenheden –, maar op programma's, interventies en mogelijke eindgebruikers die direct impact hebben op de betekenis van een in onbruik geraakte plek.

De tussentijd is nu

Wachtgronden worden in de tussentijd ontwikkeld door te *doen*. Een ontwerper bedenkt niet van achter zijn bureau een gedetailleerd nieuw plan voor de ongebruikte ruimte – tussentijd blijft dan wachttijd –, maar benut de plek zelf als testlocatie voor nieuwe vormen van gebruik. Met tijdelijke ontwerpinterventies in de tussentijd onderzoekt en ontwikkelt een ontwerper een nieuw plan op de locatie zelf. Een plek wordt zo direct geactiveerd en wordt weer onderdeel van het publieke domein van de stad. Een grote kracht van 'tijdelijkheid' als ontwikkelstrategie is dat er bij tijdelijke projecten vaak minder weerstand is tegen bijzondere, onbekende vormen van gebruik. Met een open blik kan zo gezocht worden naar geschikte programma's. Op de korte termijn draagt dit bij aan het activeren van de plek. Maar idealiter geeft een tijdelijk programma ook aanleiding tot een nieuwe bestemming voor een langere termijn. 'Wat werkt blijft! Wat niet werkt verdwijnt.'[4]

Ontwerpen in de tussentijd vraagt daarom om een empirische ontwerpbenadering. Door proefondervindelijk te werken en door testsituaties kritisch te evalueren, ontwikkelt de ontwerper gaandeweg een specifieke ontwerpstrategie die een passende invulling, al dan niet tijdelijk, voor een bepaald type ongebruikte ruimte mogelijk maakt. Dit proces start met het creëren van de basiscondities – ook wel een beginbeeld genoemd – voor de heringebruikname van een plek. De wijze waarop deze basiscondities worden vormgegeven, geeft richting aan het mogelijke gebruik. Het biedt eindgebruikers gerichte handvatten om zich de ruimte toe te eigenen. Door het daadwerkelijke gebruik in de tussentijd vervolgens te analyseren, vindt de ontwerper weer nieuwe aanknopingspunten voor het doorontwikkelen en verfijnen van zijn ontwerpstrategie.

Bovenstaand ontwerpproces verschilt wezenlijk van het 'traditionele' ontwerpproces, waarbij men via een

of using this space as a place for experiments for public use, the unused square metres are often literally locked up in anticipation of demolition or redevelopment. To open the door to scenarios for public domains, a designer for temporary use focuses not on restoring the physical architecture, as is the case for renovation and redevelopment – relatively slow and expensive operations – but on programmes, interventions and possible end users that have a direct impact on the meaning of a location that has fallen into disuse.

The Interim is Now

Sites awaiting use are developed in the interim by taking action now: a designer does not sit behind his desk and think up a detailed new plan for the unused space – this would mean the interim is still a 'waiting period' – but uses the space himself as a test location for new forms of use. A designer uses temporary design interventions in the interim to research and develop a new plan at the location itself: the location is then activated immediately and becomes part of a city's public domain again. A great strength of 'temporariness' as a development strategy is that there is often less resistance to unusual, unknown temporary uses, making an open-minded search for suitable programmes possible . In the short term, this contributes to activating a site but, ideally, a temporary programme also provides leads for a new long-term use. 'Anything that works, stays! Everything that doesn't, disappears again.' [4]

Designing for temporary use therefore requires an empirical design approach. By working experimentally and evaluating test situations critically, the designer gradually develops a specific design strategy that makes a suitable (temporary) use for a particular type of unused space possible. This process starts with creating the basic conditions – or initial idea – for the reuse of a place. The way these basic conditions are shaped provides a direction for possible use, giving end users focused grips for appropriating the space. By analyzing the actual temporary use, the designer finds new leads for the further development and honing of his design strategy.

The above design process differs considerably from the 'traditional' design process, in which a design sketch, provisional design and final design contained in drawings and scale models are used to work towards the actual realization of a design. When designing for temporary use, the processes of thinking up and realizing plans are no longer separate and successive phases, as is usual for traditional design and building process-

schetsontwerp, voorlopig ontwerp en definitief ontwerp gevat in tekeningen en schaalmodellen toewerkt naar de uitvoering in de praktijk. Bij ontwerpen in de tussentijd zijn het uitdenken en de realisatie van de plannen niet langer gescheiden fasen die elkaar opvolgen, zoals bij reguliere ontwerp- en bouwprocessen, maar vinden tegelijkertijd parallel aan elkaar plaats. Dit trial-and-error-proces in de praktijk zorgt er voor dat de ontwerper gebruiksmogelijkheden kan blootleggen die men van tevoren niet kon bedenken.

De karavaan trekt van leegstand naar leegstand

De zienswijze van leegstand als fenomeen dat rondtrekkende karavanen van gebruikers tijdelijk huisvest, schept een nieuw denkkader voor ontwerpen in de tussentijd.[5] In de context van deze zogeheten sequentiële tijdelijkheid kunnen tijdelijke ontwerpinterventies namelijk gezien worden als een 'ontginningsmachine' die meeverhuist van plek naar plek. De ontwerper wordt zo bemiddelaar tussen ongebruikte ruimtes en mogelijke eindgebruikers en zet zijn ontwerp in als katalysator voor nieuwe vormen van gebruik. Zo'n 'ontginningsmachine' kan bestaan uit (een set) fysieke gereedschappen of een in-gebruik-neem-strategie die allebei eenvoudig toegepast kunnen worden op diverse locaties. Ze kunnen met een karavaan van gebruikers meereizen van ongebruikte locatie naar ongebruikte locatie en steeds weer een plek gebruiksklaar maken.

Door ongebruikte ruimte te activeren volgens het principe van een 'ontginningsmachine' is een ontwerpinterventie niet langer een eenmalige actie op een specifieke plek, maar biedt het handvatten om ook andere ongebruikte ruimtes te ontginnen. Ontwerpen in de tussentijd blijft zo niet beperkt tot een enkele locatie, maar verhuist door en kan daardoor op grotere schaal impact hebben op het publieke domein van de stad. Door de enorme omvang van de leegstand zijn juist ontwerpinterventies die deze schaalvergroting bewerkstelligen van belang.

Het opleiden van ontwerpers in de tussentijd

Nieuw vakmanschap

Bovenstaande basisprincipes voor ontwerpen in de tussentijd vormen het uitgangspunt voor het ontwerpend onderzoek van Studio Vacant NL. De grootste uitdaging bij het opleiden van ontwerpers in de tussentijd is enerzijds het tonen van de complexiteit van het leegstandsvraagstuk en de deelnemers vertrouwd maken met de realiteit van de opgave, en anderzijds juist de opgave

es; instead, they are simultaneous and parallel processes. This real-life trial-and-error process allows the designer to uncover possibilities for use that could not have been conceived of beforehand.

The Caravan Moves from Vacant Building to Vacant Building

Viewing vacancy as a phenomenon that accommodates nomadic convoys or caravans of users creates a new framework for thinking about designing for temporary use.[5] In the context of this so-called sequential temporariness, temporary design interventions can be seen as a 'cultivating machine' that accompanies users from place to place. The designer thus becomes an intermediary between unused spaces and possible end users and deploys his design as a catalyst for new types of use. Such a 'cultivating machine' can consist of (a set of) physical tools or of a how-to-use strategy that can both be applied easily at diverse locations. They can travel with a caravan of users from one unused location to another and make a place ready for use over and over again.

Activating unused space according to the principle of a 'cultivating machine' means a design intervention is no longer a one-off action at a particular place; instead, it also provides focused grips for developing other unused spaces. This way, designing for temporary use is not limited to a single location, but moves on so it can have a larger impact on a city's public domain. The vast quantity of vacant square metres makes design interventions that achieve this kind of scaling up so relevant.

Training Designers for Temporary Use

New Skill

The basic principles for designing for temporary use outlined above are the starting point for Studio Vacant NL's design research. The greatest challenge when training designers for temporary use is, on the one hand, demonstrating the complexity of the vacancy issue and familiarizing participants with the reality of the task and on the other hand, not viewing the task as a problem but instead, stimulating participants to create space for unexpected design strategies. To achieve this, the following goal was set: each participant had to develop his own niche, or rather 'skill', within the discipline of design for temporary use. Three teaching strategies turned out to be of great value for Studio Vacant NL's design research: the workshop traineeship, the lexicon, and testing strategies at full scale in practice.

níet als probleem zien en de deelnemers stimuleren om ruimte te creëren voor verrassende ontwerpstrategieën. Om dit te bewerkstelligen, is als doel gesteld dat iedere deelnemer zijn eigen niche, of liever gezegd 'vakmanschap', ontwikkelt binnen het vak ontwerpen in de tussentijd. In het ontwerpend onderzoek van Studio Vacant NL zijn drie didactische instrumenten waardevol gebleken: de werkplaatsstage, het lexicon en het testen van strategieën op ware grootte in de praktijk.

De werkplaatsstage is een leerperiode bij een industrieel of ambachtelijk bedrijf waar men al doende specifieke vaardigheden, werkhoudingen en -methodes leert. Denk aan een stage bij een 3D-printer, ergotherapeut, kwartiermaker, schuimsnijder, verhuizer, tentenbouwer, scenograaf of theatertechnicus. De keuze voor een bepaald bedrijf sluit vaak aan bij de persoonlijke fascinaties van de ontwerper, maar de verwachte mogelijke toepassing van werkwijzen, -houdingen en gereedschappen in leegstand zijn doorslaggevend bij de uiteindelijke keuze. Juist door via de blik van dit soort vakmensen naar het leegstandsvraagstuk te kijken, ontstaan nieuwe inzichten. Niet met als doel om tot kant-en-klare oplossingen te komen, maar met de ambitie om onorthodoxe ontwerpstrategieën voor het ontginnen van ongebruikte ruimte te ontwikkelen waarmee tijdelijk gebruik een verrassende, toekomstgerichte wending krijgt.

Het lexicon is een middel om grip te krijgen op een bestaand vakmanschap en om aanknopingspunten te vinden voor nieuwe ontwerpstrategieën. Zo'n 'Lexicon van Leegstand' begint met een verzameling sleutelbegrippen, met ieder een toelichting in de vorm van een korte tekst en een beeld, die de essentie van het reeds bestaande vakmanschap duiden. De korte tekst wordt vervolgens herschreven en voorzien van een nieuw beeld, zodanig dat de vakterm een nieuwe betekenis krijgt in de context van leegstand. De ontwerper zoekt niet naar een sluitende definitie van het begrip, maar zet de betekenis van het woord naar zijn hand met een eigen interpretatie. Op deze manier wordt het beste van twee werelden – die van de vakman en die van de ontwerper – samengevoegd in een subjectieve woordenschat. Deze woordenschat kan gezien worden als een grove schets van het nieuwe vakmanschap, de mogelijke niche in het vak ontwerpen in de tussentijd.

Het testen van strategieën op ware grootte in de praktijk is cruciaal voor de stap van schets naar volwaardige ontwerpstrategie voor tijdelijk gebruik van leegstand. Technieken die bijvoorbeeld ontdekt zijn tijdens een werkplaatsstage kunnen op de schaal van een gebouw worden uitgeprobeerd. Of nieuwe soorten ruimtes, zoals de Witte Walvissen die hieronder ter sprake komen, kun-

The workshop traineeship is a period of learning at an industrial or crafts company in which specific skills, work attitudes and methods are learned hands on. Think of a traineeship at a 3D printer's or with an ergotherapist, a quartermaster, foam cutter, mover, tent constructor, scenographer or theatre technician. The choice of a particular company often dovetails with a designer's personal fascinations but the anticipated application of work methods, attitudes and tools to vacancy determine the final choice. Considering the issue of vacancy through the eyes of these skilled workers is precisely what leads to new insights. Not with the aim of reaching ready-made solutions but with the ambition of developing unorthodox design strategies for exploiting unused space, thus endowing temporary use with an unexpected, future-oriented turn.

The lexicon is a means of mastering an existing skill and finding leads for new design strategies. Such a 'Lexicon of Vacancy' (literally, Lexicon of vacancy) starts with a collection of key terms, each with an explanation in the form of a short text and an image that show the essence of the existing skill. The short text is then re-written and given a new image, such that the specialist terminology gets a new meaning in the context of vacancy. The designer does not search for a final definition of the term but moulds its meaning and gives it his own interpretation. This way, the best of two worlds, that of the craftsman and that of the designer, are merged in a subjective vocabulary. This vocabulary can be seen as a rough sketch of a new skill, the possible niche in the discipline designing for temporary use.

In situ, full-scale testing of strategies in practices is crucial for the step from a sketch to a total design strategy for the temporary use of vacant buildings and land: for instance, techniques that have been discovered during a workshop traineeship can be tried out at the scale of a building, or new sorts of spaces such as the 'White Whales' that are discussed below can be tested with end users, developed further, and then moved from place to place.

A good example in which these teaching strategies come together is Jorien Kemerink's research through design. She spent her traineeship at Spierings, a company that researches and develops orthopaedic implants and devices. During her time with this company, Kemerink structurally documented which techniques, tools and specialist terms are important for this niche in the medical world. She translated this encyclopae-

M.

Mold cas·ting

A manufacturing process by which a liquid is poured into a mold; the negative form of the desired shape. The liquid solidifies and can be taken out. The mold has to enable this, so is either releasing, consists of more than 1 segment that can be taken apart, is made of material that can bend around the shape or is a material that can be destroyed to have access to the cast. The casting material either solidifies by drying, a chemical reaction or a drop of temperature that accuses transition of chemical phase from liquid to solid.

Mold cas·ting

Casting of gelatine under pressure

M.

Mold cas·ting

In building structures, spaces or spatial elements can function as the mold, resulting in casts that are the negative of that structure. A space is defined by its boundaries (i.e. walls), but the outside of a space often does not take form. The mold casting method can provide a reproducible unit, which can either be casted from an existing spatial structure, or a one-off special made mold. With this method, a space or element is transportable to another location, providing a new context and leaving the rest of the original building structure behind. This approaches a nomadic way of thinking, carrying (part of) an existing space with you to a new location. When the cast is solid, it only has an outside space, while hollow casts have both an out- and inside and can function as a new space again. Casting materials could for example be plaster, drying (flexible) plastics or clay.

Jorien Kemerink, 'Skinned'. A collection of spatial after-images that move with one from vacant site to vacant site.

Jorien Kemerink, 'Skinned'. Een verzameling ruimtelijke nabeelden die met je meereizen van leegstand naar leegstand.

①

nen worden getest met eindgebruikers, worden doorontwikkeld en kunnen vervolgens van plek naar plek verhuizen.

Een goed voorbeeld waarin deze didactische instrumenten samenkomen, is het ontwerpend onderzoek van Jorien Kemerink. Ze liep stage bij Spierings, een bedrijf dat orthopedische implantaten en instrumenten onderzoekt en ontwikkelt. Tijdens haar werkperiode bij dit bedrijf heeft Kemerink gestructureerd gedocumenteerd welke technieken, gereedschappen en vaktermen van belang zijn voor deze niche in de medische wereld. Deze encyclopedische verzameling heeft ze vertaald naar een 'Lexicon van Leegstand'. Met name haar eigen interpretatie van 'moldcasting' schetst een nieuwe mogelijke wereld voor leegstand die tegelijkertijd refereert aan de 'clean room' in de medische wereld (zie p. 126).

In de combinatie verfspuit en latex vond Kemerink een techniek waarmee het principe van 'moldcasting' op gebouwschaal toegepast kan worden. Door met een verfspuit een laag latex aan te brengen op de wanden, vloeren en plafonds van een leegstaand gebouw ontstaat een 'steriele' (schone) verblijfsplek, die een tijdelijke gebruiker tevens kan meeverhuizen naar een ander leegstand pand. Dit 'gereedschap' maakt het mogelijk om ruimtelijke kwaliteiten te reproduceren en te verplaatsen naar een nieuwe context. De verzameling latex 'ruimtelijkheden', inclusief vuilsporen van de originele plek, groeit met iedere verhuizing. De tijdelijk gebruikte ruimte blijft schoon achter. Met de verzameling ruimtelijke kwaliteiten kan een gebruiker zich een ruimtelijk weinig specifieke plek, zoals grote loodsen en kantoren, bij binnenkomst direct toe-eigenen en zich er sneller thuis voelen (zie p. 128).

Door middel van een groot aantal experimenten in leegstaande gebouwen ontwierp Kemerink een strategie om nieuwe ruimtes te creëren met reproducties van ruimtelijke kwaliteiten die elders verworven zijn. In de loop van de twee jaar Studio Vacant NL ontwikkelde ze zich van interactieontwerper, via het vakmanschap van de prothesemaker, tot schilder-die-ruimte-reproduceert-met-latex. Dit vakmanschap beantwoordt niet alleen aan een praktische realiteit door het fixeren van stof en viezigheid waarmee een tijdelijke gebruiker van leegstand wordt geconfronteerd. Het is vooral een bijzondere manier om de rijkdom aan ruimtelijke kwaliteiten van leegstaand erfgoed te documenteren. Unieke gebouwen die doen terugdenken aan een andere tijd en die vaak met sloop worden bedreigd, kunnen door middel van de latex 'ruimtelijkheden' als materiële nabeelden voortbestaan (zie p. 130).

dic collection into a 'Lexicon of Vacancy'. Her own interpretation of 'moldcasting', in particular, sketches a new possible world for vacancy that simultaneously refers to the 'clean room' in the medical world (see p. 126).

The combination of spray gun and latex led Kemerink to invent a technique that enables 'moldcasting' to be applied to buildings. Applying a layer of latex to the walls, floors and ceilings of an empty building with a spray gun creates a 'sterile' (clean) space that a temporary user can also take with to another vacant building. This 'tool' makes it possible to reproduce spatial qualities and move them to a new context. The collection of latex 'spaces', including the dirt from the original location, grows with every move. The temporarily used space is left behind clean. A user can use the collection of spatial qualities to immediately appropriate, and feel at home in, a place that is spatially not very specific, such as large storage facilities or offices (see p. 128).

By carrying out a large number of experiments in vacant buildings, Kemerink was able to develop a strategy for creating new spaces with reproductions of spatial qualities that had been acquired elsewhere. In the course of her two years at Studio Vacant NL, she transformed herself from an interaction designer via the prosthetist's skill into a 'painter who reproduces space with latex'. This skill not only responds to a practical reality by fixing the dust and dirt that confront a temporary user of vacancy; it is above all a special way of documenting the wealth of spatial qualities contained in vacant heritage sites: unique buildings reminiscent of another time that are often threatened with demolition can continue to exist as material afterimages using latex 'spaces' (see p. 130).

The different skills that Studio Vacant NL develops are specific in their combination of trade or craft, act and product. In Kemerink's case, the 'painter's' trade is combined with the act of 'reproducing' and this leads to the end product, 'latex space'. In a definition of the new skills, these three aspects cannot be seen separately because the stratified nature of the design strategy would be lost. This is explained in more detail below in the description of the remaining six skills that emerged from two years of Studio Vacant NL. The design strategies that form the core of these skills can roughly be divided into two categories: new perspectives that make vacancy visible, and tools and other types of reproducible strategies enabling end users to exploit vacancy themselves.

An IRATA (Industrial Rope Access Trade Association) training session.
Een IRATA (Industrial Rope Access Trade Association) training.

'Handyman' high up.
Klussen op grote hoogte.

Ruiter Janssen, 'Traces of use as medium'.
Ruiter Janssen, 'Sporen van gebruik als medium'.

De verschillende vakmanschappen die Studio Vacant NL ontwikkelt, zijn specifiek door de combinatie van beroep, handeling en product. In het geval van Kemerink wordt het beroep 'schilder' gecombineerd met de handeling 'reproduceren' en dit leidt tot het resultaat 'ruimte van latex'. In het definiëren van de nieuwe vakmanschappen kunnen deze drie elementen niet los van elkaar worden gezien, omdat de gelaagdheid van de ontwerpstrategie dan verloren gaat. Dit wordt hieronder nader toegelicht in de beschrijving van de overige zes vakmanschappen die zijn voortgekomen uit twee jaar Studio Vacant NL. De ontwerpstrategieën die de kern vormen voor deze vakmanschappen zijn grofweg in te delen in twee categorieën: nieuwe perspectieven die leegstand zichtbaar maken, en gereedschappen en andere typen herhaalbare strategieën waarmee eindgebruikers leegstand zelf kunnen ontginnen.

Nieuwe perspectieven op ongebruikte ruimte

Met de blik van een bepaald type vakman kan ongebruikte ruimte die nog buiten het blikveld van mogelijke eindgebruikers ligt, ontdekt en benut worden. Door deze ruimte zichtbaar te maken, wordt de leegstand ontsloten en wordt tijdelijk gebruik mogelijk.

Een goed voorbeeld hiervan is de avontuurlijke-klusser-die-hoog-bouwt, die de leegstand beschouwt vanuit haar achtergrond als klimmer. Celine de Waal Malefijt, zelf al jaren fanatiek bergbeklimmer, volgde tijdens haar werkplaatsstage een IRATA (Industrial Rope Access Trade Association) training. Daar maakte ze zich zogeheten 'rope access'-technieken (wat letterlijk 'touwtoegang' betekent) eigen, die toegepast worden bij eenvoudige herstel- en onderhoudswerkzaamheden op moeilijk bereikbare plekken als boorplatforms of windmolens (zie p. 133). Met deze technieken ontwikkelde ze zich van interactieontwerper en klimmer tot avontuurlijke-klusser-die-hoog-bouwt. Als een verticale wegenbouwer maakt ze via slimme touwconstructies nieuwe toegangen tot ogenschijnlijk onbereikbare plekken op grote hoogte. Eenmaal op hoogte pakt ze haar rol als ontwerper weer op en schept ze nieuwe verblijfsplekken van touw met wonderlijke uitzichten. Exclusieve leegstand wordt zo bereikbaar voor de durfallen (zie p. 134).

Een belangrijk middel dat ingezet kan worden voor het ontdekken van ongebruikte ruimtes en hun mogelijkheden is cartografie. Vanuit de tijdelijkheid gezien is een directe wijze van cartografie nodig, ook wel 'direct mapping' genoemd. Deze vorm van cartografie kan worden vergeleken met de werkwijze van de vroegere ontdekkingsreizigers. Zij voeren zonder kaart weg in hun sche-

New Perspectives on Unused Space

Assuming the perspective of particular craftsmen can lead to the discovery and use of unused space that is still outside possible end users' field of vision. Making this space visible opens up vacancy and enables temporary use.

A good example of this is the 'adventurous handyman who builds high', who considers vacancy from her climber's background. Celine de Waal Malefijt, a seasoned and enthusiastic mountaineer, followed an IRATA (Industrial Rope Access Trade Association) course during her traineeship. She learned so-called 'rope access' techniques that are applied to simple repair and maintenance operations on places that are difficult to access, such as drilling platforms and windmills (see p. 133).

Using these techniques, she transformed herself from an interaction designer and climber into an 'adventurous handyman who builds high'. Like a vertical road builder, she uses inventive rope constructions to create new accesses to apparently inaccessible places at great heights. When she is at height, she reassumes her role as a designer and creates new accommodation made of rope, with amazing views. Exclusive vacancy is thus made accessible for the daredevils (see p. 134).

Cartography is an important instrument that can be used for discovering unused spaces and their possibilities. Temporariness requires the cartographic method known as 'direct mapping'. This type of cartography can be compared with the methods used by the early discoverers: they set off on their sea voyages without a map; during the voyage, an area gradually became clearer and a map unfolded. Nowadays, direct mapping can be done using GPS technology linked to a mobile device that is used to register one's exact location and speed, and altitude differences. Various other details that one discovers and collects on the way are linked to these objective data; data that help clarify the stratification of the location in time, use, material and potential. In the context of vacancy, direct mapping can be used to identify new possibilities for use.

One craftsman who has been inspired by cartography is the 'typographer who reads space' (Ruiter Janssen). This craftsman collects and arranges unused two-dimensional 'spaces' in an area. He investigates the location of vacancy and categorizes the empty surfaces according to parameters that are inspired by typography: type, clarity, height (position on the facade), size (number of square metres), visibility and surface (type of material). He supplements this information

pen en tijdens het reizen tekende stukje bij beetje het gebied zich af en ontvouwde de kaart zich. In de huidige tijd kan direct mapping gedaan worden met behulp van gps-technieken op een mobiel apparaat, waarmee je bijvoorbeeld heel precies registreert waar je bent, met welke snelheid je beweegt en wat de hoogteverschillen zijn. Aan deze objectieve data koppel je vervolgens diverse andere gegevens die je onderweg ontdekt en verzameld hebt; data die helpen de gelaagdheid van de plek te ontrafelen in tijd, gebruik, materiaal en potentie. In de context van leegstand kan direct mapping worden ingezet om nieuwe gebruiksmogelijkheden te identificeren.

Een vakman die zich heeft laten inspireren door cartografie is de typograaf-die-ruimte-leest (Ruiter Janssen). Deze vakman verzamelt en ordent ongebruikte tweedimensionale 'ruimtes' in een gebied. Hij onderzoekt waar de leegte zit en categoriseert de lege vlakken volgens parameters die geïnspireerd zijn op typografie: soort, helderheid, hoogte (positionering op de gevel), formaat (aantal vierkante meters), zichtbaarheid en drager (soort materiaal). Daar voegt hij locatiespecifieke parameters als bereikbaarheid en geografische ligging aan toe. De 'kaart' die hieruit voortkomt, toont publieke ruimte die anderen zich kunnen toe-eigenen. Hijzelf gebruikt die ruimte als grafische ondergrond. Hij maakt de leegstand zichtbaar door 'interpuncties' aan te brengen in de lege vlakken. Dit zijn grafische toevoegingen aan de publieke ruimte die de leegte van de hele plek duiden. De typograaf-die-ruimte-leest vergroot zo de leesbaarheid van de leegstand in het gebied. Tegelijkertijd bieden de vlakken letterlijk en figuurlijk ruimte voor verbeelding (zie p. 136).

Gereedschappen voor het ontginnen van ruimte

Bij ontwerpen in de tussentijd is de wijze waarop de toegang tot een plek georganiseerd is een van de belangrijkste basisvoorwaarden voor het gebruik. In onbruik geraakte ruimtes worden afgesloten met fysieke barrières zoals hekken en houten platen. Borden met 'verboden toegang' laten geen twijfel bestaan over de openbaarheid van deze plek. Maar als een gebouw of terrein zijn potentie wil tonen aan de buitenwereld, dan moet het eerst toegankelijk en zichtbaar worden gemaakt. Je moet er eenvoudig kunnen komen om te zien dat de plek het waard is om ontdekt te worden.

Vernieuwing in de tussentijd vraagt echter om een *strategische* ingebruikname. Het simpelweg openzetten van de deur leidt niet vanzelfsprekend tot stedelijke vernieuwing. Het tussentijdse programma is nu vooral het domein van enthousiaste 'amateurs'. Stedelingen die gedreven door hun liefhebberij optreden als lokale programmeurs of ontwikkelaars van de publieke ruimte.

with location-specific parameters such as accessibility and geographic location; the resulting 'map' shows public spaces that others can appropriate. He himself uses this space as a graphic base: he makes the vacancy visible by applying 'punctuation' to the empty surfaces. These are graphic additions to the public space that refer to the emptiness of the whole location. The 'typographer who reads space' increases the readability of vacancy in an area. At the same time, the surfaces literally and figuratively provide space for the imagination (see p. 136).

Tools for Cultivating Space

When designing for temporary use, one of the most important basic conditions is the way access to a place is organized. Spaces that have become unused are closed off with physical barriers such as fences and wooden boards; notices with 'No entry' written on them leave no doubt as to accessibility. But if a building or lot of land is to demonstrate its potential to the outside world, it must first be made accessible and visible. It must be easily accessible to see if it is worth discovering.

Renewal in the interim, however, requires a *strategic* use. Simply opening the door does not automatically lead to urban renewal. At the moment, the programme for temporary use is mainly the domain of enthusiastic 'amateurs': passionate city dwellers act as local programmers for or developers of public space. They have excellent insights into local potential; they are passionate, engaged with their social environment, sometimes slightly non-conformist, and always proud of what they do. These 'urban pioneers' move freely between set rules and boundaries, showing a world in which citizens do not wait for the government or markets to act but take the initiative themselves to interpret their surroundings. The designer's role in this unregulated and unplanned world is, on the one hand, to show the *unexpected* possibilities for use that were still outside the city dwellers' field of vision and on the other hand, to provide specifically designed tools that make certain interventions or activities possible.

An example of one of these tools that others can use to cultivate unused space are Christiaan Bakker's entrances: he shows that the way a designer *organizes* access to an unused space – which means both providing access to and closing off (parts of) a space – partly determines its ultimate use. For the design of the entrances, Bakker drew inspiration from the method used by a skilled tradesman who makes specially adapted bicycles:[6] a tradesman like this starts from a basic bicycle frame that is adapted to a specific body using a

Ze beschikken over uitstekende inzichten in het plaatselijke potentieel. Ze zijn gepassioneerd, vaak sociaal bewogen, soms een beetje onaangepast en altijd trots op wat ze doen. Deze 'urban pioneers' bewegen zich vrij tussen regels en grenzen. Ze tonen een wereld waarin burgers niet het handelen van de overheid of de markt afwachten, maar zelf initiatief nemen om invulling te geven aan hun omgeving. De rol van de ontwerper binnen deze ongereguleerde en ongeplande wereld is enerzijds het tonen van *onverwachte* gebruiksmogelijkheden die nog buiten het gezichtsveld van de stedelingen zelf lagen. Anderzijds het aanleveren van specifiek ontworpen gereedschappen waarmee bepaalde ingrepen of activiteiten mogelijk worden.

Een voorbeeld van zo'n gereedschap waarmee anderen ongebruikte ruimte kunnen ontginnen, zijn de entrees van Christiaan Bakker. Hij laat zien dat de manier waarop een ontwerper de toegang tot ongebruikte ruimte *organiseert* – wat zowel het verlenen van toegang als het afsluiten van (delen van de) ruimte betekent –, medebepalend is voor het uiteindelijke gebruik van een plek. Voor het ontwerp van de entrees heeft Bakker zich laten inspireren door de werkwijze van een vakman die aangepaste fietsen maakt.[6] Zo'n vakman start vanuit een basisfietsframe dat met enkele specifieke onderdelen passend gemaakt wordt voor een specifiek lichaam. Hij gaat daarbij niet uit van iemands gebreken, maar van wat een persoon nog wél kan. Bakker bekijkt de leegstand door de ogen van zo'n fietsenmaker. Als een fietsenmaker-die-deuren-opent analyseert hij per gebouw wat de mogelijke 'ingangen' zijn en hoe hij de toegang daar kan reguleren. In plaats van de toegang tot ongebruikte ruimte te blokkeren met hekken en dichtgetimmerde deuren en ramen, ontwerpt hij entrees die aanknopingspunten bieden voor tijdelijk gebruik. De ontwikkelde entrees – Begrenzers, Blikopeners, Uitsluiters en Verbinders – vormen tezamen een catalogus van mogelijkheden. Het zijn de 'basisframes' die aangepast kunnen worden aan een specifieke situatie (zie p. 140).

Ook het concept 'Bo-rent 2.0' vloeit direct voort uit het denken in gereedschappen voor het ontginnen van ruimte. Bo-rent is een verhuurbedrijf van allerlei gereedschappen en bouwhulpmiddelen. De 2.0 versie is de (vooralsnog fictieve) variant van het bedrijf waar je specifieke gereedschappen kunt huren, lenen of delen, waarmee leegstand snel en effectief tijdelijk in gebruik wordt genomen. Naast de bekende sloop- en bouwgereedschappen, verwarmingen, steigers en bouwketen zijn daar ook de tijdelijke entrees van Christiaan Bakker, de Witte Walvissen van Studio Vacant NL en de latexspuit van Jorien Kemerink verkrijgbaar.

few specific parts; his starting point is not someone's shortcomings but what he or she can still do. Bakker considers vacancy through the eyes of such a bicycle-maker: as a 'bicycle-maker who opens doors', he analyzes what the possible 'entrances' to specific buildings are and how he can organize this access. Instead of blocking off access to unused space with fences and boarded-up doors and windows, he designs entrances that provide leads for temporary use. The entrances designed – 'Delimiters', 'Eye-openers', 'Excluders', and 'Connectors' – together form a catalogue of possibilities. They are the 'basic frames' that can be adjusted to specific situations (see p. 140).

The 'Bo-rent 2.0' concept is a direct consequence of thinking in terms of tools for the cultivation of space. 'Bo-rent' is a company that hires out all sorts of tools and building aids. The 2.0 version is the (as yet fictional) version of the company where you can rent, borrow or share specific tools so that vacant sites are used quickly and efficiently; besides the usual demolition and building tools, heating, scaffolding and site huts, one can also rent Christiaan Bakker's entrances, Studio Vacant NL's 'White Whales' and Jorien Kemerink's latex spray gun there.

Repeatable Strategies for Vacancy

Repeatable strategies are based on the idea that not only physical elements such as tools are necessary to open up vacancy but also people with specific skills and qualities. The designer develops a strategy linking an unused place to the right people who, with their knowledge and expertise, can arrange for the place to be put to use. Just as with the tools, these strategies can also be implemented at other locations. Studio Vacant NL has developed two such strategies: the 'Publisher of vacancy' and the 'Vacancy Safari'.

The 'Publisher of Vacancy' aims to show new possibilities for the use of vacant buildings and objects. Political scientist Sjoerd ter Borg goes in search of inspiring, unused urban locations. As a location scout, he organizes vacancy in a database according to specific categories such as '100dB in the city centre', a category of locations in a densely populated urban environment where an above-average amount of noise is permitted.[7] He then brings in writers, who temporarily 'manage' the spaces. During their management period, they work on stories: new dreams for the spaces that have fallen into disuse. Ter Borg uses his 'Publisher of Vacancy' to publish the stories in the public domain (see p. 142). The skill of the 'location scout who publishes space' introduces an alternative form of va-

Eye-openers (Opened / Closed) · **Connectors** (Opened / Closed) · **Excludors** (Opened / Closed) · **Delimiters** (Opened / Closed)

An 'Eye-opener' accentuates access to temporary vacancy. The entrance is a recognizable orientation point and shows that the temporarily vacant building has been re-activated. Some Eye-openers provide for a new user's own contribution, while other Eye-openers challenge one to consider the entrance and the space behind it in a specific way.

A 'Delimiter' serves as an exclamation mark on the border between 'accessible' and 'inaccessible'. Where one would normally walk into a closed door, the Delimiter prevents through-passage without detracting from the building's openness. The closed space behind remains visible or sometimes even partly accessible and in this way plays an active role in the perception of the building.

'Excluders' return a closed-off space to the public domain. A hermetically sealed, vacant building with boarded-up entrances does not have a positive influence on the surroundings. Endowing the entrances and part of the interior space with a new function and returning them to the public domain suddenly makes a building like this attractive in its surroundings. Nevertheless, entrance to the building is still prohibited.

'Connectors' provide a passage through spaces that are usually inaccessible, for example because they are located at a higher level or are separated by a thick wall or an obstacle. Entering the space becomes an activity in itself thanks to the unique dimensions of the Connectors. The visitor is invited to move through the building along a new route.

'Blikopeners' accentueren de ingang van tijdelijke leegstand. De ingang wordt een herkenbaar oriëntatiepunt en laat zien dat het tijdelijk leegstaande pand gereactiveerd is. Sommige Blikopeners bieden de mogelijkheid tot een eigen inbreng van de nieuwe gebruiker, terwijl andere Blikopeners uitdagen op een specifieke manier naar de ingang en de ruimte erachter te kijken.

'Begrenzers' dienen als uitroepteken op de grens van toegankelijk en ontoegankelijk. Waar je normaal gesproken tegen een dichte deur aanloopt, belet de Begrenzer de doorgang zonder de openheid in het gebouw weg te nemen. De afgesloten ruimte blijft zicht-

Henriëtte Waal, 'Leegstandsafari'. (Also part of The Commons Project and art manifestation 'Yes Naturally', 2013).

Henriëtte Waal, 'Leegstandsafari'. (Tevens onderdeel van The Commons Project en kunstmanifestatie 'Ja Natuurlijk', 2013).

baar of soms zelfs deels begaanbaar en speelt op die manier een actieve rol in de perceptie van het gebouw.

'Uitsluiters' geven een afgesloten ruimte terug aan het publieke domein. Een hermetisch afgesloten, leegstaand gebouw met dichtgetimmerde ingangen heeft geen prettige invloed op de omgeving. Door de ingangen en een deel van de binnenruimte met een nieuwe functie terug te geven aan het publieke domein, wordt zo'n gebouw ineens aantrekkelijk in de omgeving. Desalniettemin blijft het verboden het gebouw te betreden.

'Verbinders' bieden een doorgang door ruimtes die normaal gesproken ontoegankelijk zijn, bijvoorbeeld doordat ze op een hoger niveau liggen of gescheiden zijn door een dichte muur of obstakel. Het binnengaan van de ruimte wordt een activiteit op zich dankzij de unieke dimensies van de Verbinders. De bezoeker wordt uitgenodigd zich langs een nieuwe route door het gebouw te bewegen.

Meerkoet

Hans Dorrestijn

Eindelijk heeft de gemeente Amsterdam mijn hulp ingeroepen bij een probleem. Een probleem dat ze zelf in de wereld gaat helpen. Het is misschien diep-menselijk van de gemeente, maar op het gebied van de bruggen dreigt ze te zwichten voor de techniek. Men zag op het stadhuis opeens de mogelijkheid om de Amsterdamse bruggen op afstand te bedienen. Dan zijn er geen brugwachters meer nodig als er een schip door Mokum moet. Dat drukt de loonkosten.

Bijkomend probleem: wat moet Amsterdam met al die lege brugwachtershuisjes? Er zijn veel verwarde plannen. Zo kwam een raadslid op het idee om al die overbodige werkruimtes in te richten als hotelkamertjes. Hartstikke gezellige kamertjes. Er past alleen een eenpersoonsbed in, maar wel knus.

1
MEERKOET

Maar indertijd waren de architecten niet alleen vergeten de huisjes op het elektriciteitsnet aan te sluiten, maar ze hadden evenmin gedacht aan een toiletruimte. Je zou zeggen dat een architect beseft dat ook een brugwachter naar de WC moet. Niet te vaak natuurlijk want de gemeente heeft niks aan brugwachters die de hele tijd op de plee zitten. Dan raken de grachten verstopt met vrachtschepen en pleziervaartuigen.

Een ander idee: de lege brugwachtershuisjes zouden afdelingen kunnen worden van de OBA. Een onmogelijk plan, want wie leest er tegenwoordig nog een boek?

Een beter voorstel kwam van een wethouder die wel eens gehoord had dat het Concertgebouworkest het ook heel goed doet in het buitenland. Dat brengt deviezen in het laadje,

2
MEERKOET

dus dan is kunst niet verwerpelijk. "Waarom verhuren we de brugwachtershuisjes niet als studeerkamertjes voor conservatoriumstudenten?" vroeg deze wethouder zich af. Helemaal geen slecht idee, maar hij had blijkbaar nooit een brugwachterhuisje va dichtbij bekeken. De meeste aspirantmuzikanten zullen er niet in passen, ik bedoel met hun instrument. Pianisten in elk geval niet. En bassisten niet, en cellisten niet. In ieder geval kunnen de studenten piccolo er best wat aan hebben. Maar ik voorzie dat ook het muzikantenplan van de baan gaat.

En dan was er nog een top-ambtenaar die van insiders gehoord had dat er niet alleen duiven in Amsterdam rondvliegen, maar ook echte vogeltjes. Zijn plan was om eens te kijken of die brugwachtershuisjes geschikt waren als

3
MEERKOET

vogelhut. Om de populatie van Mokumse vogels te bestuderen. En daarmee kwam ik in beeld. Ik heb drie boeken geschreven met als hoofdthema dat ik een allerberoerdste vogelaar ben, maar dat heeft niet geholpen. Iedereen ziet mij als een vakman. Op een goede dag zat ik dus in het brugwachtershuisje dat de Hortus Botanicus het uitzicht op de Nieuwe Herengracht beneemt. Dat klinkt niet best, maar het was hartstikke tof. Ontzettend gezellig maar ook leerzaam. Er kwamen hartstikke veel brugwachters langs en die hadden prachtige verhalen over hun werk en over de schepen die langskwamen en over de schippers en hun familie. Tussen die verhalen door bedienden ze de brug. Het was een hele drukte. En ze moesten verdomd goed opletten. Er zijn altijd mensen die denken dat ze niet dood kunnen.

4
MEERKOET

Dan schoot de brugwachter zijn huisje uit om iemand te waarschuwen dat hij of zij gevaar liep. Ik heb een leuke dag gehad en dwars door de woordgordijnen heen heb ik op de vogels gelet, maar vergeefs. Ik heb een flits gezien van een meeuw, maar het ging zelfs te vlug om te zeggen of het een Kokmeeuw was of een Manteleeuw. Vlakbij het brugwachtershuisje zat een Nijlgans op een meerpaal kabaal te maken. Ik denk niet dat er een vogelaar te vinden is die nu geestdriftig opspringt en uitroept: "Een Nijlgans! Tjeetje, dat moet ik zien!"

Wel heb ik met mijn verrekijker een Fuut gezien, maar die dook al snel weer onder. Overigens wel leuk, een Amsterdamse Fuut. Omstreeks 1960 was er in onze hoofdstad nog absoluut geen Fuut te zien, niet in het IJ, maar zeker niet in een gracht. Nu wel. Dat is alleen

5
MEERKOET

maar winst. Dit was het....

O nee, ik vergat nog een vogelmoment: op de steiger bij het brugwachtershuisje zat een Meerkoet. Nou is een Meerkoet één van de gewoonste watervogels die je maar kan bedenken. Bijna ordinair te noemen, maar vogelkundig verveelde ik me die dag kapot dus ik heb extreem veel aandacht aan het dier besteed. En voor het eerst in mijn hele vogelaarsbestaan viel me de de extreme lelijkheid van zijn poten op. Die poten zitten meestal onder water dus dan heb je daar niet zo'n last van. Overigens, die poot zelf valt nog wel mee qua vorm, maar de kleur is geelgroen en dat vloekt enorm met het grijsblauw van de tenen. En van de tenen is niet alleen de kleur afschuwelijk, maar alles. Een normale watervogel heeft op die plek zwemvliezen, maar Meerkoeten doen het zonder.

6
MEERKOET

Die hebben aan hun tenen alleen maar gekartelde en geribbelde groeisels die nog het meest doen denken aan mini-maiskolfjes. Aan elke teen aan weerszijden grijsblauwe maiskolfjes. Ik kan u verzekeren: het is geen gezicht!

7
MEERKOET

Herhaalbare strategieën voor leegstand

Het denken in herhaalbare strategieën gaat uit van de gedachte dat niet slechts fysieke elementen zoals gereedschappen nodig zijn om leegstand te ontsluiten, maar ook mensen met specifieke vaardigheden en kwaliteiten. De ontwerper ontwikkelt een strategie waarmee een ongebruikte plek wordt gekoppeld aan de juiste personen, die met hun kennis en kunde zorg kunnen dragen voor de ingebruikname van de plek. Net als de gereedschappen zijn ook deze strategieën op andere locaties toepasbaar. Studio Vacant NL heeft twee van dit soort strategieën ontwikkeld: de 'Uitgeverij van Leegstand' en de 'Leegstandsafari'.

De 'Uitgeverij van Leegstand' is gericht op het tonen van nieuwe gebruiksmogelijkheden voor leegstaande gebouwen en objecten. De politicoloog Sjoerd ter Borg speurt naar ongebruikte, inspirerende plekken in de stad. Als een locatiescout ordent hij in een database de leegstand volgens specifieke categorieën, zoals '100dB in de binnenstad', een categorie van locaties in een dichte stedelijke omgeving waar je bovengemiddeld veel geluid mag produceren.[7] Vervolgens schakelt hij schrijvers in om de ruimtes tijdelijk te beheren. Tijdens hun beheerperiode werken de schrijvers aan verhalen: nieuwe dromen voor de in onbruik geraakte ruimtes. Via zijn 'Uitgeverij van Leegstand' publiceert hij de verhalen in het publieke domein (zie p. 142). Het vakmanschap van de locatiescout-die-ruimte-publiceert introduceert een alternatieve vorm van leegstandsbeheer. Via geschreven verhalen laat Ter Borg de fantasie van 'possible worlds' infiltreren in de discussie over hergebruik van leegstand en opent deuren naar toekomstig gebruik. De verhalen worden een politiek instrument.

De 'Leegstandsafari' is een strategie die zich richt op een leegstaand gebouw en de directe omgeving ervan. Henriëtte Waal ontwikkelde en testte deze strategie in een voormalige woontoren: de eerste wolkenkrabber van Den Haag (1969) ontworpen door de bekende Nederlandse architect J.J.P. Oud. In het plan van Waal huisvest de leegstaande toren een energiecentrale met schoorstenen die warmte en koelte leveren aan omliggende instanties in de internationale zone. Waal stelt gericht het publiek van haar 'Leegstandsafari' samen door het lokale netwerk van energiegebruikers te activeren. Ze bundelt de kennis en vaardigheden die in de directe omgeving van het leegstaande pand aanwezig zijn. Ze identificeert persoonlijke kwaliteiten van de buren die van betekenis zijn voor de ingebruikname van de plek. De zorgvuldig samengestelde groep wordt in het leegstaande pand meegenomen op een of meerdere geregisseerde ontdekkingstochten. Tijdens deze 'Leegstandsafari's' doet Waal een

cant-property management. Ter Borg uses written stories to allow the fantasy of 'possible worlds' to infiltrate the discussion about the temporary use of vacant buildings, thus opening the door for future use. The stories become a political instrument.

The 'Vacancy Safari' strategy focuses on a vacant building and its immediate vicinity. Henriëtte Waal developed and tested this strategy in a former apartment block: the first skyscraper in The Hague (1969) designed by the famous Dutch architect J.J.P. Oud. The empty tower accommodates a power plant with chimneys that supply heating and cooling to surrounding institutions in the city's international zone. Waal carefully composed the public of her 'Vacancy Safaris' by activating the local network of users; she collected the knowledge and skills that were present in the immediate vicinity of the vacant building and identified which of the neighbours' personal qualities might be relevant for using the site. The carefully composed group was taken on one or more controlled discovery safaris in the vacant building. During these 'vacancy safaris' Waal deployed the personal qualities of the participants: during a 'Dusting Safari' ('Afstofsafari'), the cleaners in a nearby hotel removed the dirt that had accumulated as a result of neglect. The beauty of the space re-emerges, making it possible for future users to see through the vacancy and dream about possible new uses. 'The aim of the "Vacancy Safari" is to let this group take responsibility together for the use and care of heritage sites', says the 'director who engages the neighbours' (see p. 141).

The Studio as a Model for Collaboration

Besides the individual graduation projects, the Studio Vacant NL participants also collectively developed a tool for temporary use. The 'White Whales' concept shows the successful convergence of a new skill and the studio's teaching model. The starting point for the 'White Whales' was Pieter Alexander Lefebvre's newly developed skill, 'the 'tailor who programmes the lining'. Sea containers being used for all sorts and sizes of temporary accommodation are already a familiar tool. However, sea-container linings – white 'sacks' used to transport things like coffee – provide a completely new vision of temporariness. The 'tailor who programmes the lining' used a hand-operated machine to sew the white sacks into every desired shape and connected them with perfect darts, reinforced edges and minimal internal reinforcement constructions to create serene spaces. The container lining becomes a tool that end users can use to make any random space

beroep op de persoonlijke kwaliteiten van de deelnemers. Zo verwijderen de schoonmakers van een nabijgelegen hotel tijdens een 'Afstofsafari' de door verwaarlozing opgebouwde vieze laag. De schoonheid van de ruimte komt weer aan de oppervlakte, waardoor de toekomstige gebruikers door de leegstand heen kunnen kijken en kunnen dromen over mogelijke nieuwe invullingen. 'Doel van de "Leegstandsafari" is om deze groep samen verantwoordelijkheid te laten nemen voor ingebruikname en verzorging van het erfgoed', aldus de regisseur-die-de-buren-engageert (zie p. 141).

De studio als samenwerkingsmodel

Naast de individuele afstudeerprojecten hebben de deelnemers van Studio Vacant NL ook gezamenlijk een gereedschap voor tijdelijk gebruik ontwikkeld. Het concept de 'Witte Walvissen' is een geslaagde samenkomst van nieuw vakmanschap en het onderwijsmodel waarin gewerkt wordt als studio. Het vertrekpunt voor de Witte Walvissen was het door Pieter Alexander Lefebvre nieuw ontwikkelde vakmanschap de kleermaker-die-de-voering-programmeert. Het beeld van de zeecontainers als tijdelijke verblijfsruimte in alle soorten en maten kennen we nu wel. De voering van zeecontainers – witte 'zakken' waarin bijvoorbeeld koffie getransporteerd wordt – biedt echter een geheel nieuwe beeldtaal voor tijdelijkheid. De kleermaker-die-de-voering-programmeert naait de witte zakken met een handnaaimachine in iedere gewenste vorm en verbindt ze met trefzekere coupenaden, verstevigingsranden en minimale interne verstevigingsconstructies tot serene ruimtes. De containervoering wordt zo een gereedschap waarmee eindgebruikers een willekeurige ruimte specifiek kunnen maken in schaal en gebruik. Afhankelijk van het programma activeert de voering een ruimte.

Flexibiliteit, programmering en adaptief vermogen laten zich het beste op ware grootte testen in de praktijk. De deelnemers van Studio Vacant NL ontwikkelden daarom gezamenlijk voeringen voor drie bedrijfsconcepten, met hun eigen studentenkamer en eigen 'bedrijf' gebaseerd op nevenactiviteiten als uitgangspunt. Ieder droeg vanuit zijn eigen rol bij aan de ontwikkeling van deze Witte Walvissen.[8] Deze rollen variëren afhankelijk van de vooropleiding van de deelnemers bijvoorbeeld in grafisch ontwerp, de persoonlijke fascinatie zoals klimmen, de in de praktijk opgedane werkervaring zoals het kappersvak, tot een specifiek aangeleerd vakmanschap zoals de fietsenmaker-die-deuren-opent.

Bij de ontwikkeling van 'Witte Walvissen' werkt de kleermaker-die-de-voering-programmeert samen met de creatieve ondernemers de patronen uit en transformeert specific in scale and use. Depending on the programme, the lining activates a space.

Flexibility, programming and the ability to adapt can best be tested in real-life l settings. The Studio Vacant NL participants therefore together developed linings for three business concepts, using their own student accommodation and 'companies' based on part-time jobs as their starting point. Each person contributed to these 'White Whales' based on their particular role.[8] These roles varied, depending on things like a participant's previous training in say, graphic design, his or her personal fascinations such as climbing, a participant's real-life work experience, for example as a hairdresser, and specifically learned skills such as the 'bicycle-maker who opens doors'.

During the development of 'White Whales' the 'tailor who programmes the lining' together with the creative entrepreneurs worked out the patterns and transformed the container linings into bespoke work spaces that can easily be moved from one place to another. The climber and the builder used a few simple climbing techniques to install attachment and hoisting points for the programmed lining. The hairdresser, the 'bicycle-maker who opens doors' and the 'location scout who publishes space' used their student accommodation to unfold new worlds for supplementary income (see p. 146 & p. 148). The 'White Whales' demonstrate not only the applicability of programmed linings as a tool for colonizing vacancy, but also prove the added value of a multi-disciplinary team such as Studio Vacant NL.

Running Wild

Under the protective wing of the Sandberg Instituut, the first careful steps have been taken in the new discipline Vacancy Studies. It is important that this discipline reach adulthood in the coming years without losing its playful and flexible nature. This requires experiments with teaching models and different forms of design research. Studio Vacant NL shows that vacancy is not a problem; above all, it provides opportunities for increasing and renewing the public domain of cities. It provides pioneers with the space to experiment and develop independent businesses. Without the pressure of high rents and by appealing to a great ability to adapt and empathize, the mental space for innovations is created. Space where one can take a few halting steps before one runs. Bearing in mind the image of Studio Vacant NL's 'craftsmen', we conclude with a quotation from the book *Anarchy* by composer and artist John Cage: 'What we finally seek to do is to create an environment that works so well we can run wild in it.'[9]

de containervoeringen tot werkruimtes op maat die eenvoudig kunnen doorverhuizen van plek naar plek. De klimmer en de bouwer realiseren met enkele eenvoudige klimtechnieken ophang- en ophijspunten voor de geprogrammeerde voering. De kapper, de fietsenmaker-die-deuren-opent en de locatiescout-die-ruimte-publiceert ontvouwen in hun studentenkamers nieuwe werelden voor bijverdiensten (zie p. 146 & p. 148). De Witte Walvissen tonen niet alleen de toepasbaarheid van geprogrammeerde voeringen als gereedschap voor het koloniseren van leegstand, maar bewijzen tevens de meerwaarde van een veelzijdig team als Studio Vacant NL.

Running wild

Onder de vleugels van het Sandberg Instituut zijn de eerste voorzichtige stappen in het nieuwe vakgebied *Vacancy Studies* gezet. Het is van belang dat het vakgebied de komende jaren volwassen wordt, zónder zijn speelse en flexibele karakter te verliezen. Daarvoor zijn experimenten met onderwijsmodellen en andere vormen van ontwerpend onderzoek nodig. Studio Vacant NL laat zien dat leegstand geen probleem is, maar vooral kansen biedt voor het vergroten en vernieuwen van het publieke domein van steden. Het biedt ruimte aan pioniers om te experimenteren en zelfstandige ondernemingen te ontwikkelen. Zonder de druk van een hoge huur en door aanspraak te doen op een groot aanpassend en inlevend vermogen ontstaat er denkruimte voor innovaties. Ruimte waar je al stotterend mag oefenen op de volzin. Met het beeld van de vaklieden van Studio Vacant NL in ons achterhoofd, besluiten we met een citaat uit het boek *Anarchy* van componist en kunstenaar John Cage: 'What we finally seek to do is to create an environment that works so well we can run wild in it.'[9]

4

OWNER:
Inside the white w
WOR
SHO
BARA
CAFE
SPR
CAE
BAR
SHC
EPAL

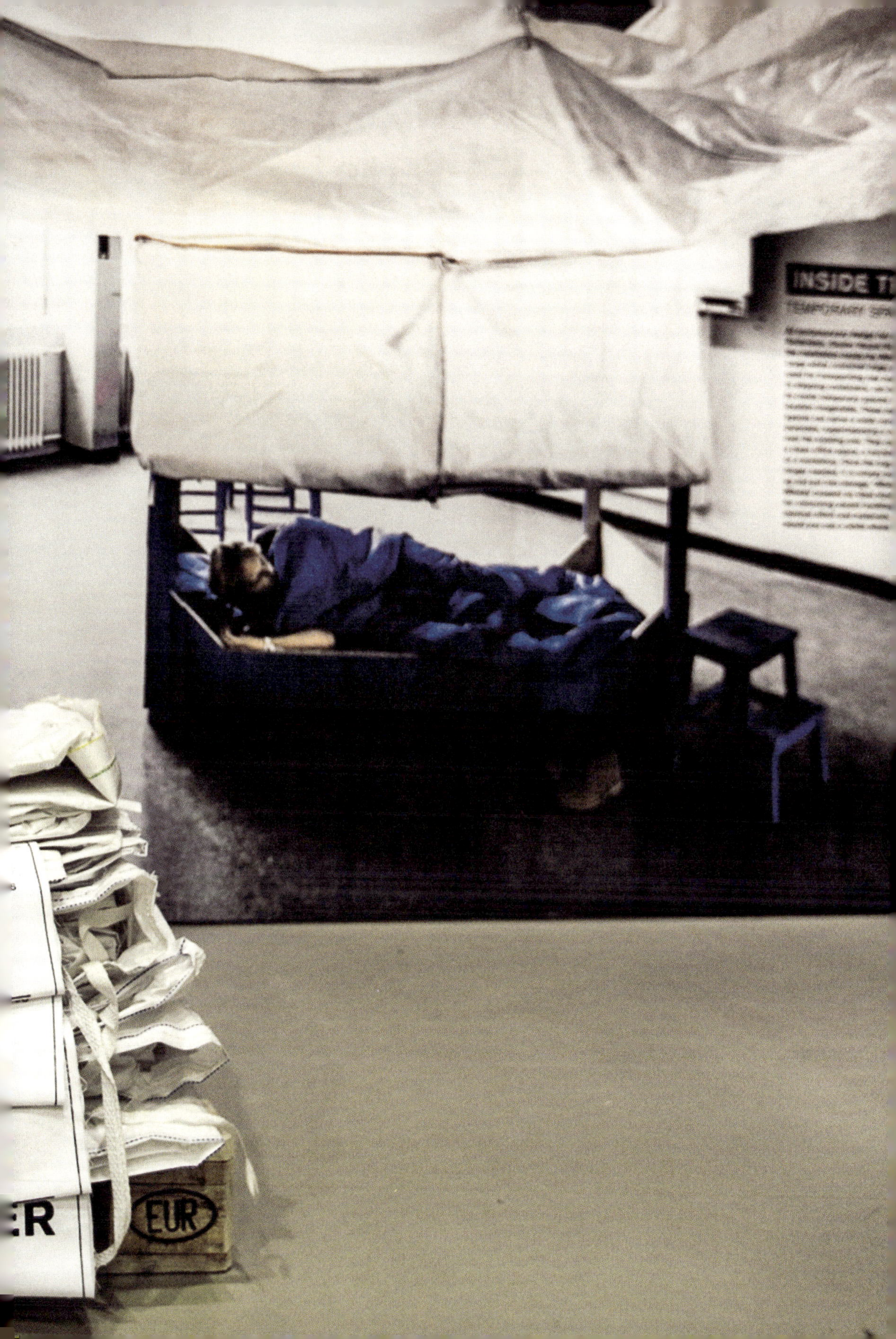
INSIDE
EUR

①

Jorien Kemerink, 'Skinned'. A collection of spatial afterimages that move with one from vacant site to vacant site.
Jorien Kemerink, 'Skinned'. Een verzameling ruimtelijke nabeelden die met je meereizen van leegstand naar leegstand.

②

Celine de Waal Malefijt, 'Rope Access'. Exclusive vacancy for daredevils.
Celine de Waal Malefijt, 'Rope Access'. Exclusieve leegstand voor de durfallen.

③

Sjoerd ter Borg, 'Uitgeverij van Leegstand'.
Sjoerd ter Borg, 'Uitgeverij van Leegstand'.

④ ⑤

Studio Vacant NL, 'Inside the White Whale – Temporary spaces for young entrepreneurship'. Huge white sacks that are usually used to transport raw materials in sea containers are used to create temporary spaces at any imaginable location.
Studio Vacant NL, 'In de Witte Walvis – Tijdelijke ruimtes voor jong ondernemerschap'. Met grote witte zakken die normaal gesproken gebruikt worden om grondstoffen in zeecontainers te vervoeren, worden tijdelijke ruimtes gecreëerd op elke denkbare plek.

Endnotes Noten

1 See chapter 6 for the director of the Sandberg Instituut, Jurgen Bey's vision of education in relation to relevant societal issues. See chapter 1 for a more detailed explanation of the need for such specialists.

1 Zie hoofdstuk 6 voor de visie van Jurgen Bey (directeur Sandberg Instituut) op onderwijs in relatie tot actuele maatschappelijke vraagstukken. Zie hoofdstuk 1 voor een nadere toelichting van de noodzaak van dit soort specialisten.

2 The examples in this paragraph are taken from the list of 'honorary members' of the Sunday Adventure Club, a temporary club of urban pioneers, initiated by Ester van de Wiel and Gerda Zijlstra (2008).

2 De voorbeelden in deze alinea komen uit de lijst 'ereleden' van de Sunday Adventure Club, een tijdelijke club van stedelijke pioniers, door Ester van de Wiel en Gerda Zijlstra (2008).

3 See also: Oswalt, P., Overmeyer, K., Misselwitz, P. (2013) Urban Catalyst. *The Power of Temporary Use*. Berlin: DOM.

3 Zie ook: Oswalt, P., Overmeyer, K.and Misselwitz, P. (2013) *Urban catalyst. The Power of Temporary Use*. Berlijn: Dom.

4 Motto for NU HIER, a wasteland in Rotterdam that was used temporarily. An Ester van de Wiel and Gerda Zijlstra initiative(2009–2014). For more information see: www.nuhier.org.

4 Motto van NU HIER, een tijdelijk in gebruik genomen braakliggend terrein in Rotterdam. Een initiatief van Ester van de Wiel en Gerda Zijlstra (2009–2014). Zie voor meer informatie: www.nuhier.org.

5 See chapter 1 for a more detailed explanation of this phenomenon, summarized as 'sequential temporariness'.

5 Zie hoofdstuk 1 voor een nadere toelichting van dit fenomeen, samengevat in de term 'sequentiële tijdelijkheid'.

6 Christiaan Bakker completed his traineeship at USVA, a workshop where specially adapted bicycles are made.

6 Christiaan Bakker heeft zijn werkplaatsstage gedaan bij USVA, een werkplaats waar aangepaste fietsen worden gemaakt.

7 '100dB in de binnenstad' is an exploratory study by Sjoerd ter Borg concerning noise production in a densely populated urban environment. See also: www.100dB-in-de-binnenstad.nl

7 '100 dB in de binnenstad' is een verkennend onderzoek van Sjoerd ter Borg naar geluidsproductie in een dichte stedelijke omgeving. Zie ook: www.100db-in-de-binnenstad.nl

8 The White Whales have been tested at various public places, including the Kunstvlaai edition, 'Inexactly THIS' in a vacant secondary school (Amsterdam, 2012), the Object Rotterdam fair for contemporary design in Het Nieuwe Instituut (Rotterdam, 2013), Salone Internazionale del Mobile as part of the 'Tuttobene' exhibition (Milan, 2013), 'Starting Something' during the Beijing Design Week (Beijing, 2013) and the 'Connecting Cities' exhibition (Shenzhen, 2013–2014).

8 De Witte Walvissen zijn op diverse publieke plekken getest, waaronder de Kunstvlaai-editie 'INexactly THIS' in een leegstaande middelbare school (Amsterdam, 2012), de beurs voor eigentijds design Object Rotterdam in Het Nieuwe Instituut (Rotterdam, 2013), Salone Internazionale del Mobile als onderdeel van de tentoonstelling van Tuttobene (Milaan 2013), 'Starting Something' tijdens de Beijing Design Week (2013) en de tentoonstelling 'Connecting Cities' (Shenzhen 2013–2014).

9 From Cage, J., (1998) *Anarchy*. Middletown, CT: Wesleyan University Press, p. ix. According to John Cage, the quotation is originally from Norman O. Brown.

9 Uit: Cage, J. (1998) *Anarchy*. Middletown, CT: Wesleyan University Press, p. ix. Volgens John Cage is het citaat oorspronkelijk van Norman O. Brown.

5

SNOW WHITE MEETS MOBY DICK

SNEEUWWITJE *MEETS* MOBY DICK

5 Sneeuwwitje *meets* Moby Dick: Scenario's voor leegstand

Barbara Visser

Ten geleide
Dit hoofdstuk kijkt vanuit verschillende projecten en studies van de acht deelnemers aan Studio Vacant NL, de tweejarige master aan het Sandberg Instituut (2011–2013), naar innovatieve manieren om met leegstaand vastgoed om te gaan.

Wie probeert een visie op de toekomst te ontwikkelen zonder kennis te nemen van het verleden, rijdt zichzelf vroeg of laat vast in het rulle zand, waarin de projectontwikkelaar en de overheid al uitgebreid vastzitten. Een kritische blik op de geschiedenis en het heden van leegstand in al zijn facetten – ruimtelijk, architectonisch, sociaal, psychologisch, fysiek, narratief – heeft bij de meeste deelnemers aan Studio Vacant NL tot alternatieve en bij vlagen radicale invalshoeken geleid. Daarbij redeneerden de deelnemers zelden vanuit het idee dat er een oplossing voor een probleem moest worden gevonden, maar vooral vanuit de enorme mogelijkheden die de leegstand biedt.

Studio Vacant NL sluit niets uit: de deelnemers kijken naar leegstand vanuit posities die een ambtenaar noch commerciële partij ooit zou kunnen innemen. Deze partijen redeneren vanuit het idee van een tegenzittend tij, dat zij in hun dromen ooit nog zien keren. De opvatting van de deelnemers aan Studio Vacant NL is dat juist meegaan met het tij je naar een interessantere plek brengt – al was het maar omdat die nog onbekend is. Daarmee zijn ze, zelfs wanneer ze het over extreme concepten als smeltende steden of theatrale scenografie hebben, eigenlijk veel meer geaard in de werkelijkheid van vandaag dan welke ambtenaar of projectontwikkelaar dan ook.

En hoewel iedere bestuurder weet dat gas geven in rul zand de wielen wel doet draaien maar zelden een uitweg biedt, zelfs een averechts effect kan hebben, is er meestal een wandelaar voor nodig om dat aan de chauffeur duidelijk te maken. Deze acht participanten zijn in zekere zin die wandelaar: zonder het voertuig van macht, geld of institutionele kracht zijn zij gestart met het in kaart brengen van historische voorbeelden, om via de successen en tekortkomingen van het heden aan toekomstscenario's te werken. Elke situatie en elk tijdvak is anders, maar sommige wielen hoeven niet steeds opnieuw te worden uitgevonden. Waarvan akte.

5 Snow White Meets Moby Dick: Scenarios for Vacancy

Barbara Visser

Introduction
This chapter considers innovative approaches for dealing with vacant properties, based on different projects and studies carried out by the eight participants in Studio Vacant NL, the two-year Master's programme at the Sandberg Instituut (2011–2013).

Anyone who tries to develop a vision for the future without investigating the past will inevitably end up in the same loose sand in which project developers and the government have got stuck in with no way out. A critical consideration of the history and contemporary situation of vacancy in all its facets – spatial, architectural, social, psychological, physical, narrative – led most of the participants in Studio Vacant NL to develop non-mainstream and at times radical approaches. Their reasoning was rarely based on the idea that a solution to a problem had to be found; instead, their premise was the huge potential opened up by vacancy.

Studio Vacant NL rules nothing out: the participants consider vacancy from positions that could never be adopted by bureaucrats or commercial parties. These parties base their reasoning on the idea of an unfavourable tide that they dream will one day turn in their favour. The participants in Studio Vacant NL think that actually going with the flow might take them to more interesting places, if only because the destination is still unknown. In this respect, they are far more grounded in today's reality than any bureaucrat or project developer, even when they talk about extreme concepts such as melting cities or theatrical scenography.

And while every driver knows that accelerating in loose sand causes the wheels to whirl around but is rarely effective as a way out – and might even exacerbate a situation – it usually takes someone walking along the beach to point this out to him. These eight participants are, in a sense, that someone: without the vehicle of power, money or institutional might, they have started to map the historical examples in order to work on future scenarios using the successes and shortcomings of the present. Every situation and every era is different, but some wheels do not have to be invented all over again – as they have shown here.

De pragmaticus
Amsterdam 2013. Een jongeman loopt de trappen van een spiegelend kantoorgebouw op met in zijn kielzog een tweede man die met een kleine camera al zijn handelingen vastlegt. Ze betreden het gebouw dat het logo van de Kamer van Koophandel draagt.

De volgende scène speelt zich af in het interieur, waar alles met geel en blauw kunststof bekleed is. De jongeman neemt plaats aan een balie, waar al snel een medewerker arriveert. Zonder omhaal steekt hij van wal: 'Ik ben Sjoerd ter Borg en ik wil graag een leegstandsbeheerorganisatie beginnen omdat ik denk dat ik meer kan doen dan wat nu gebeurt, namelijk het willekeurig opvullen van duizenden onverhuurbare vierkante meters in de stad. Wat ik met mijn organisatie van plan ben, is een nieuwe vorm van leegstandsbeheer in praktijk te brengen.' In het volgende beeld zien we Ter Borg blij als een kind de trappen van het gebouw afrennen, hij zwaait met een A4'tje boven zijn hoofd. 'Het is gelukt! Ik ben nu officieel leegstandsbeheerder!'

'Beheer in ontwikkeling' van Sjoerd ter Borg is zonder twijfel de meest realistische van de acht visies die Studio Vacant NL heeft voortgebracht.[1] In praktische zin sluit het project naadloos aan bij wat Vacant NL[2] voor ogen heeft: het ontwikkelen van strategieën voor gebruik van leegstaand vastgoed, onderzoeken hoe sociale en professionele dwarsverbanden daar een rol in kunnen spelen en welke nieuwe ideeën, werkwijzen, samenwerkingsvormen en professionele modellen daar uit voortkomen.

Het bijzondere aan zijn project is dat Ter Borg zijn studieperiode laat samenvallen met de praktijk: het vindt realtime plaats. Gelijktijdig met een gedegen onderzoek en analyse van zijn bevindingen, documenteert hij op video zijn transformatie van student naar *leegstandsbeheerder* (dat laatste is de nu gangbare, maar geheel misplaatste term voor wat hij met zijn organisch ontwikkelend beheer beoogt). Hiermee brengt hij een nieuwe strategie in beeld én in de praktijk. Met zijn 'Uitgeverij van Leegstand' (zie p. 162) initieert hij koppelingen tussen (bekende) schrijvers en bijzondere lege plekken, waardoor er verhalen worden opgetekend over die plekken, of verhalen met de onderhavige plekken als decor.

De visionair
'Possible Worlds' van Celine de Waal Malefijt onderzoekt hoe het filosofisch en visionair denken over onze leefomgeving, wat we vooral kennen uit de jaren zestig en zeventig van de vorige eeuw, in deze tijd kan worden ingezet.[3] Daarbij wordt het *unheimliche* als uitgangspunt genomen, als katalysator van de verbeelding.

The Pragmatist
Amsterdam 2013. A young man walks up the steps of a shiny office block, with in his wake a second man who films his every move with a small camera. They enter the building, which bears the chamber of commerce logo. The next scene takes place inside, where everything has been fitted out with yellow and blue plastic. The young man goes to the counter, where someone quickly arrives to serve him. He embarks without any further ado: 'I'm Sjoerd ter Borg and I would like to start a vacant-property management organization because I think I can achieve more than is being achieved at the moment, which just amounts to the random occupation of thousands of square metres in the city that can't be leased. What I plan to do with my organization is put into practice a new sort of vacancy management.' In the next scene, we see Ter Borg joyously running down the stairs of the building, waving a sheet of A4 paper: 'It's worked! I'm now officially a vacant-property manager!'

Sjoerd ter Borg's 'Management in Progress' project is undoubtedly the most realistic of the eight visions that Studio Vacant NL has produced.[1] In a practical sense, the project dovetails perfectly with the aims of Vacant NL:[2] developing strategies for the use of vacant properties, researching how social and professional cross-ties can play a role, and which new ideas, methods, collaborations and professional models this produces.

Ter Borg's project is special in that his period of study coincided with actual practice: it took place in real time. While carrying out sound research and analyzing his results, he simultaneously recorded on video his transformation from a student into a 'vacant-property manager' (this is the now accepted but completely inaccurate term for what he aims to achieve through his organic 'management in progress'). He thus introduced a new visual and real-life strategy. He uses his 'Publisher of Vacancy', (see p. 162) to initiate links between (famous) writers and vacant sites of special interest. Stories are then written about these places or they feature as the backdrop for stories.

The Visionary
Celine de Waal Malefijt's 'Possible Worlds' investigates how philosophical and visionary thinking about our surroundings, which had its heyday in the 1960s and 1970s, can be used today.[3] She took as her starting point the *unheimliche* (uncanny), as a catalyst for the imagination.

Considered against the backdrop of modernism's rationalism and transparency, on which many of us

Het *unheimliche* is, bezien tegen de ratio en transparantie van het modernisme, waarmee velen van ons professioneel zijn grootgebracht, een wonderlijk gegeven met een schijnbaar negatieve connotatie. Maar zonder het modernistische ideaal te diskwalificeren durf ik te stellen dat de situatie waarin we ons maatschappelijk bevinden tevens oproept tot scenario's die het duistere omarmen, en de schoonheid van verval en misschien zelfs het vuil kunnen openbaren. De Waal Malefijt beschrijft de schoonheid van een zekere mate van ongrijpbaarheid: het mysterie kan ook opwinding veroorzaken en fantasie opwekken.

'De koppeling van onze verbeelding aan een fysieke situatie is een krachtig instrument om een pand weer op de 'mentale' kaart te krijgen. De narratieve werelden die we in onze verbeelding creëren en verzamelen, kunnen indien zij opnieuw naar het fysieke landschap vertaald worden, materialiseren tot een prachtig palet aan tijdelijk gebruik met verbeeldingskracht. Zo kan tijdelijk gebruik benaderd worden als de flaneur die zijn stad aftast: hij dwaalt door de straten van zijn persoonlijke interpretaties en destilleert kwaliteiten uit de fysieke structuur die als bouwstenen terugkomen in zijn mogelijke steden.'

'Precies die onrust die men kan voelen bij het betreden van een *unheimliche* plek, geeft aanleiding tot de tegenwoordige omgang met de leegstand. Een neurotische drang tot transparantie en overzicht domineert de meeste plannen voor herbestemming en tijdelijk gebruik. Overbelichte *renders* geven het idee dat er geen schaduwwereld bestaat, dat met de nieuwe bestemmingsplannen ook de verslavende dorst naar 'veiligheid' wordt gestild.'

De uitvinder

Van het schaalniveau van de stad springt Christiaan Bakker moeiteloos over naar het microniveau van het in- en uitpakken van goederen. Hij toont in een brede selectie van beelden aan dat dit op het eerste gezicht triviale onderwerp een schat aan ideeën herbergt wanneer erop ingezoomd wordt. Bij frequent verhuizen is het heikele punt niet de stap naar de andere omgeving, maar het constant meeverhuizen van meubels en andere zooi. Daarin definieert Bakker vijf condities waarin een object kan zijn: *in use*, in *standby*, *on display*, *mobilized* en *packed*.[4]

'An object is *in use* when it is fulfilling its purpose or when there is an interaction with a user or other objects.'

'An object waiting on the spot where it is going to be used; it is permanently ready. A bed is a good example of this, it is placed in the bedroom and is ready to be

were raised professionally, the *unheimliche* is a curious detail with an apparently negative connotation. But without detracting from the modernist ideal, I dare argue that the situation we are in socially also calls for scenarios that embrace the darkness, that can reveal the beauty of decay and perhaps even the dirt. De Waal Malefijt describes the beauty of a certain elusiveness: mysteriousness can also cause excitement and stimulate the imagination.

'Connecting our imagination to a physical situation is a powerful instrument for putting a site back on the 'mental' map. Translated into the physical landscape anew, the narrative worlds we create and collect in our imagination can materialize in a splendid palette of temporary uses. We can approach temporary use in the same way as the *flâneur* who feels his way around his city, roaming the streets of his personal interpretations and distilling qualities from the physical structure that appear as building blocks in his possible cities.'

'This very restlessness, which can be felt when one enters an *unheimliche* location, determines the way we currently deal with vacancy. A neurotic urge for transparency and overview dominates most plans for redevelopment and temporary use. Over-exposed renders give the impression that there is no shadow world, and that the new zoning plans will also quench the thirst for 'safety'.'

The Inventor

Christiaan Bakker effortlessly leaps from the scale level of the city to the micro level of packing and unpacking things. He uses a wide selection of images to show that this apparently trivial subject contains a wealth of ideas when you zoom in on them. What is tricky about moving frequently is not the actual transfer to a different environment but the fact that furniture and other bits and pieces also have to be moved. Bakker defines five states that an object can be in: in use, on standby, on display, mobilized, and packed.[4]

'An object is *in use* when it is fulfilling its purpose or when there is an interaction with a user or other objects.'

'An object waiting on the spot where it is going to be used; it is permanently ready. A bed is a good example of this: it is placed in the bedroom and is ready to be used anytime without being altered, installed or moved. Often objects *on standby* are used on a daily basis and are therefore allowed to have a more dominant position in our homes than for instance a packed object.'

used anytime without being altered, installed or moved. Often objects *in standby* are used on a daily basis and are therefore allowed to have a more dominant position in our homes than of instance a packed object.'

'An object *on display* is never really used at all, at least not in the usual sense of the word. It is present for decorative or sentimental reasons; mostly that is the function of the object.'

'The reason for objects to be *mobilized* is often that they are used somewhere else than where they are stored. This is true for most military equipment because it is made to use on missions abroad. But also in camping and outdoor equipment you find a lot of good examples of objects especially designed to be mobile.'

'A *packed* object is treated for storing or transporting, without getting damaged. The object cannot be used in this packed stage and temporary looses its original function. Long term packed objects are often spare or seasonal and can, like mobilized objects, mostly be found in basements, attics, and storages.'

Door zich zo extreem te concentreren op de status van spullen op een bepaald moment in het traject leven–werken–verplaatsen, krijgen deze definities een nieuwe dimensie: inpakken, verslepen en neerzetten blijken niet het noodzakelijke kwaad dat zuchtend en steunend wordt uitgevoerd, maar een tijdelijk doel op zichzelf te kunnen zijn: iets waar je plezier aan kunt beleven, en dat de dingen bezielt.

De vertaler

Aan het andere eind van wat je het Vacant-NL-spectrum zou kunnen noemen, ligt 'De smeltende stad', de visie van Jorien Kemerink.[5] Kort gezegd: wanneer onze leefomgeving vanuit natuurkundige principes wordt beschouwd, zou de vloeibare fase het dichtst in de buurt komen van de manier waarop het fysieke en het virtuele zich vandaag de dag tot elkaar verhouden in de stedelijke omgeving, en verandert dat ons idee van ruimte en tijd.

'Zeker op werkgebied is er al enige tijd een opmerkelijke verschuiving gaande van locatiegebonden werkplekken (de 'vaste fase') naar een steeds dynamischer werkomgeving. (...) Waar ooit topdownmanagement en kantoorhiërarchieën domineerden, maken meer en meer mensen zich los van deze traditionele structuur. De hiërarchische benadering maakt plaats voor een meer coöperatief speelveld. Projecten worden niet langer geïnitieerd door directeuren of projectmanagers, maar ontstaan in een cluster van mensen, allen individuele freelancers of collectieven van individuen. De mensen, of in natuurkun-

'An object *on display* is never really used at all, at least not in the usual sense of the word. It is present for decorative or sentimental reasons; mostly that is the function of the object'.

'The reason for objects to be *mobilized* is often that they are used somewhere else than where they are stored. This is true for most military equipment because it is made to use on missions abroad. But also in camping and outdoor equipment you find a lot of good examples of objects specially designed to be mobile.'

'A *packed* object is treated for storing or transporting, without getting damaged. The object cannot be used in this packed stage and temporarily loses its original function. Long term packed objects are often spare or seasonal and can, like mobilized objects, mostly be found in basements, attics, and storages.'

This extreme concentration on the status of objects at particular moments in the life-work-moving cycle endows these definitions with a new dimension: it turns out that packing up, dragging along, and putting in place are not a necessary evil that is carried out with moans and groans; it can be a temporary goal in itself, something you can enjoy and which animates things.

The Translator

At the other end of what one could call the Vacant NL spectrum is Jorien Kemerink's vision 'The Melting City'.[5] In a nutshell, when we consider our surroundings from the point of view of physics, the fluid phase comes closest to the way the physical and the virtual relate to each other in the urban environment today, and this changes our idea of time and space.

'Especially in the field of work, a remarkable shift has been going on for some time from location-bound places of work (the 'solid phase') to an increasingly dynamic work environment. (...) In the past, top-down management and office hierarchies dominated but more and more people are now freeing themselves from this traditional structure: the hierarchical approach is making way for a more cooperative playing field. Projects are no longer initiated by directors or project managers but develop in clusters of people–individual freelancers or collectives consisting of individuals. People, or, to return to the world of physics, particles create less binding connections with each other than in the past.'

'Space is actually a production process. This process is a continuous drama whose stage is space. Designs for space should therefore not be based on a final vision; instead they should exploit the process of con-

dige termen de deeltjes, vormen wat lichtere bindingen met elkaar dan voorheen.'

'Eigenlijk is ruimte een productieproces. Dit proces is in feite een voortdurend toneelspel met de ruimte als podium. Het is dus belangrijk om ruimte niet te ontwerpen vanuit een eindbeeld, maar veel meer in te spelen op het proces van constante verandering en beweging. Er kan gekeken worden naar manieren waarop de fysieke structuur dit dynamische gedrag ondersteunt of zelfs motiveert. Zeker als onze samenleving steeds 'vloeibaarder' wordt en de individuen of deeltjes vrijer kunnen bewegen, worden ruimtes anders benut. Want in vloeibare materie zitten deeltjes niet meer geketend in een vaste structuur en is er ruimte voor tijdelijkheid en verandering.'

Dit is een metafoor die behoorlijk wat fantasie van de lezer vereist. Maar laten we er in meegaan, we hebben niets te verliezen. Om een structuur te laten veranderen van, bijvoorbeeld, ijs naar smeltwater, is een temperatuurverhoging nodig die dat veroorzaakt. De eerste vraag is of Studio Vacant NL invloed kan hebben op die temperatuur. De vlucht die het mobiel (net)werken neemt, lijkt meer op een natuurkracht die de tijd rijp maakt voor een ander beeld van wat een werkend bestaan is en waar en wanneer dat plaatsvindt.

De constructeur

Waar Kemerink nog vrij poëtisch stelt dat het proces in feite een toneelspel met de ruimte als podium is, wordt door Daan van den Berg het theater(decor) broodnuchter op de snijtafel gelegd en bijkans microscopisch ontleed.[6] *Fits, krommer, lichtnaald, klampvak, loopijzer, dagkant, schinkels*... niets blijft onbesproken. De toepasbaarheid in de wereld van Vacant NL is duidelijk: het reizend theaterdecor weerspiegelt de situatie waarbij de condities waartegen het leven zich afspeelt steeds opnieuw moeten worden op- en afgebouwd, vervoerd, in- en uitgeladen, en steeds een sfeer, een wereld te scheppen. Het is ongelofelijk hoe gespecialiseerd een decor is geconstrueerd teneinde het te kunnen deconstrueren en opbouwen zonder dat er echt schade aan de delen optreedt, en hoe die geraffineerde constructie tegelijk onzichtbaar blijft vanuit het perspectief van de toeschouwer. Een enorm technisch vermogen creëert een illusie die bij nadere beschouwing spannender blijkt dan menig toneelstuk.

'Verhuizen, dat ook verplaatsen is, gaat over het algemeen gepaard met de nodige stress. Maar stel: je verhuist de hele ruimte, vloer, wanden, plafond exact zoals

stant change and mobility. It is possible to consider ways in which a physical structure can support or even initiate this dynamic behaviour. Especially with society becoming more and more 'fluid' and individuals (or particles) being able to move more freely, spaces will be used differently. After all, in fluid material particles are no longer shackled in a static structure and there is space for temporariness and change.'

This is a metaphor that requires considerable imagination on the part of the reader. But let us go along with it – we have nothing to lose. In order to change a structure from, say, ice to water, a rise in temperature is necessary that can bring about this change. The first question is whether Studio Vacant NL can influence this temperature. The flight that mobile (net)working is taking is more like a force of nature that is readying us for a different concept of what a working existence is and where and when work takes place.

The Draughtsman

Where Kemerink rather poetically proposes that the process is in fact a play, with space as its stage, Daan van den Berg matter-of-factly puts the theatre scenery itself on the operating table and almost microscopically dissects it:[6] loose-pin hinges, pin wires, luminaries, flats, horseshoes, jambs, sash cords – nothing is omitted. The applicability of travelling theatre scenery in Vacant NL's world is clear: it reflects the situation in which the conditions against which life takes place must constantly be assembled and dismantled, transported, loaded and unloaded, and an atmosphere, a world, must be constantly re-created. The expertise demanded to create scenery that can be assembled and dismantled without the parts being damaged is incredible, as is the refined construction that keeps the 'nuts and bolts' out of sight for the spectator. Enormous technical skills create an illusion that, on closer examination, turns out to be more thrilling than many a play.

'Moving is usually associated with a great deal of stress. But imagine if one could move the whole space – walls, floors, ceiling – exactly as it is? Would anyone still object? One would no longer work in an office space but in a work space composed of theatre-type scenery. The user would determine the extent to which a space was fictionalized. Familiar elements would make it possible to move between the temporarily vacant buildings – after all, one would be accompanied by the space and it would start to function as a memory. Slight damage would transport one to a particular time, place and

deze zijn? Welke bezwaren zouden er dan nog zijn? Dan werkt men niet meer in een kantoorruimte, maar in een scenische werkruimte. De mate van fictionalisering van de ruimte kan men zelf bepalen. Door het vertrouwde en bekende kan men toch bewegen tussen de tijdelijke leegstaande gebouwen. Doordat de ruimte elke keer met hen mee beweegt, gaat de ruimte zelf ook werken als een herinnering. Een kleine beschadiging kan je in je herinnering weer meenemen naar een bepaalde tijd, locatie en sfeer. De ruimte wordt als het ware door de loop der tijd geladen.'

Een beter begrip van wat transformatie van ruimte in de praktijk kan betekenen, kan de tijdelijke gebruiker van lege ruimtes meer grip geven op de vormgeving van zijn of haar tijdelijke omgeving – hoe die er bij aanvang uitziet is altijd een gegeven waar men zich toe moet verhouden. Door het theatrale 'changement' te onderzoeken op een concreet niveau (snel ombouwen), esthetisch (ziet het er aantrekkelijk uit), en zelfs op een meer onbewust niveau (welke sfeer ontstaat er) wordt een enorme kennis uit een ander vakgebied aangesproken. Een van de belangrijke pijlers van Studio Vacant NL is het geloof in de wisselwerking tussen verschillende vakgebieden en het idee dat je van elkaar kunt leren.

Naast een bijna encyclopedische kennis van de praktische aard van het vouwen, scharnieren en stutten waarmee de 'vakken' op het toneel geconstrueerd zijn, is de subtekst van Van den Bergs betoog dat met minimale middelen een illusie kan worden opgeroepen en dat door bijvoorbeeld enkel lichtwisselingen ook een totaal andere ruimte- en tijdsbeleving kan worden gesuggereerd. De link met fictie is niet ver weg en een meer filosofische vraag is natuurlijk in hoeverre een decorwisseling het werk en humeur van de gebruiker beïnvloedt, doordat hij of zij zich in een ander 'stuk' lijkt te bevinden. De inzet in het theater is echter om op verschillende locaties dezelfde sfeer opnieuw te kunnen neerzetten, en zo een constante aan te brengen in een dynamisch verhaal. De vraag is of dat het streven moet zijn van de Vacant-NL-scenario's – het is er slechts een van vele, maar alleen al dit bewustzijn kan nieuwe ideeën genereren.

De dompteur

Keer op keer een nieuwe ruimte verkennen en leren kennen. Dat is kenmerkend voor de sequentiële tijdelijkheid. Met steeds nieuwe actoren en belanghebbenden. Een van de tijdloze aspecten die in het onderzoek 'Tijdelijke territoria in de leegstand' van Henriëtte Waal volkomen invoelbaar wordt gemaakt, is het sociale mijnenveld dat kan ontstaan bij het in gebruik nemen van ongede-

atmosphere. The space would be charged by the passage of time, as it were.'

A better understanding of what the transformation of space can mean in practice might give the temporary user of vacant spaces more control over shaping his or her temporary environment: what it looks like initially is always something a user must get to grips with. Investigating the theatrical *changement* at a concrete level (changing quickly), aesthetic level (is it attractive?), and even at a more subconscious level (what sort of atmosphere does it create?) means drawing on a huge fount of knowledge from another field. And one of the most important pillars of Studio Vacant NL is the interaction between different fields and the belief that we can learn from each other.

Besides an almost encyclopaedic knowledge of the practical side of all the folding, hinging and supporting that is involved in constructing stage props, Van den Berg's argument contains a subtext: with the minimum of means, it is possible to create an illusion – even a change of lighting can suggest a completely different spatial and temporal experience. This is closely linked to fiction, and raises a more philosophical question: to what extent can a scenery change influence users' work and mood, as they seem to find themselves in a different 'play'. In the theatre the aim is to keep recreating the same atmosphere in different locations and thus provide a constant in a dynamic situation. The question is whether this should be the goal of the Vacant NL scenarios – it is one of many questions, but this awareness in itself might be enough to generate new ideas.

The Lion Tamer

Exploring and becoming acquainted with a new space time and again is characteristic of sequential temporariness, together with constantly changing actors and interested parties. One of the unchanging aspects that Henriëtte Waal's study 'On Temporary Territories in Vacant Sites' makes very tangible is the social minefield that can be created when undefined space is put to use.[7] A wide range of historical cases is considered: situations that arose when groups of people, random or otherwise, divided a territory, and their sometimes surreal conflicts.

'As I have argued, the field of tension between familiarity and temporariness is an important issue for the territory of temporary use. Everyone needs a familiar territory to be able to feel at home in the world. The

finieerde ruimte.[7] Een waaier aan historische casussen komt voorbij, over situaties die ontstaan wanneer een (al dan niet willekeurige) groep mensen een territorium verdeelt, en de soms surreële conflicten die dat kan opleveren.

'Zoals ik heb beargumenteerd is het spanningsveld tussen familiariteit en tijdelijkheid een belangrijk aandachtspunt voor het territorium van tijdelijk gebruik. Ieder mens heeft een familiair territorium nodig om zich thuis te kunnen voelen in de wereld. Wat die familiariteit veroorzaakt verschilt per persoon. Ik zie de meest mobielen, de voorlopers en veranderaars van onze wereld, daarom als geschikte en interessante doelgroep voor tijdelijk gebruik van leegstand. Hun territorium ligt immers in het verwisselen van de ene locatie voor de andere en het ontmoeten van gelijkgestemden op mondiaal niveau. Deze permanent mobielen lijken te hechten aan generieke producten, maar uitspraken over verlangens wijzen er juist op dat ook hun idealen heel uitgesproken zijn. De meest mobielen oefenen hun territorium nu 'light' uit, waardoor ze in staat zijn comfort te ervaren in een niet voor hen gemaakte omgeving. Specifieke ontwerpen voor tijdelijke territoria voor de meest mobielen ontbreken.'

'Het denken over tijdelijk gebruik resulteert vaak in saaie modulaire concepten of blijft steken op locatie en vergeet uit te gaan van de permanent mobiele zelf. Het denken over territoria moet veranderen van een denken in gebieden met muren eromheen in een denken in fysiek en lokaal gearticuleerde momenten in netwerken.'

'Tijdelijke fysieke territoria zouden net als hun digitale tegenhangers in eerste instantie gekoppeld moeten worden aan groepen mensen en niet aan gebouwen.' ①

Het onderzoeken en begrijpen van het begrip territorium is cruciaal in de context van Vacant NL, omdat het impliciet verwijst naar het markeren of toe-eigenen van een plek volgens basale en dierlijke principes. Want ook al maakt Waal duidelijk dat hier met territorium de culturele, sociale en politieke begrenzing van omgevingen wordt bedoeld, uit haar verhaal blijkt dat mensen soms meer op dieren of holbewoners lijken, wanneer er terrein te winnen of te vergeven is.

De verteller

Met 'Sporen van gebruik als medium' zet Ruiter Janssen zijn achtergrond als grafisch ontwerper in bij het definiëren en lokaliseren van *twee*dimensionale lege plekken in gebieden waar leegstand heerst. Die insteek gaat direct in op het belang van de publieke ruimte en op de vraag hoe leegstand niet slechts over ongebruikte volumes gaat,

effects of this familiarity differ from person to person. I therefore consider the most mobile, the pioneers and innovators of this world, a suitable and interesting target group for the temporary use of vacant property. Their territory is, after all, situated in the exchange of one location for another and in meeting like-minded people at a global level. These permanently mobile people seem to become attached to generic products, but statements about their aims actually indicate that their ideals are also very pronounced. The most mobile now practise a 'light' form of territory, which makes it possible for them to experience comfort in an environment that has not been made for them. There are no specific designs for temporary territories for the most mobile.'

'Current thinking about temporary use often results in boring modular concepts or gets hung up on location, forgetting that the starting point should be the permanently mobile themselves. The way we think about territories must change: instead of thinking of areas surrounded by walls, we should think in terms of physically and locally articulated moments in networks.

Temporary physical territories should, just like their digital counterparts, be linked in the first instance to groups of people and not to buildings.' ①

Investigating and understanding the concept of territory is crucial in the context of Vacant NL because it implicitly refers to the marking or appropriation of a location according to our basic principles and animal instincts. For even if Waal makes it clear that by 'territory' she means the cultural, social and political borders of people's surroundings, her study shows that people sometimes resemble animals or cave dwellers when there is territory to be won or given away.

The Narrator

In his 'Traces of Use as Medium' project, Ruiter Janssen uses his background as a graphic designer to define and localize empty *two*-dimensional spaces in areas affected by vacancy. This approach deals directly with the importance of public space, and the fact that vacancy is about more than just unused volumes: it also affects a city's image – because facades and plinths, for example, are no longer cared for.

Janssen's proposal for these 'frames' (empty advertising spots, boarded-up windows, blind walls, construction site fencing) is a restrained typography for thought-provoking quotations by an area's former users and policymakers: texts that describe the public perception of a place at a particular point in

maar ook over het aangetaste stedelijk beeld doordat de zorg voor gevels en plinten met die leegstand vaak ophoudt.

Voor deze 'kaders' (lege publiciteitsvlakken, afgetimmerde ramen, blinde muren, industriële staketsels) stelt Janssen een sobere typografie voor, waarmee prikkelende teksten van bijvoorbeeld voormalige gebruikers en beleidsmakers over het gebied zelf geciteerd worden, teksten die de publieke perceptie van de plekken op een zeker moment in de tijd beschrijven. Ze doen de gebouwen spreken, geven het gebied letterlijk een stem.

De verbinder

Het steeds opnieuw aangaan van een relatie met een gebouw, een context, een fysieke conditie, een geschiedenis is, naast ontzettend spannend en dynamisch, ook tijdrovend, soms ongemakkelijk, en vaak veel kostbaarder dan het lijkt. Is het wellicht naïef om, zoals Waal en veel andere hemelbestormers, eerst en vooral naar mogelijkheden te kijken?

Door soms genoegen te nemen met een te kort bed, of vol bravoure in zevenmijlslaarzen te stappen, kom je dingen tegen die je nooit had kunnen bedenken. Daar begint vooruitgang. En dat niets standaard zou zijn, dat was toch *part of the game*? Maar hoever ga je om je aan te passen? Aanpassing, zowel van de kant van de architectuur als de gebruiker, is een integraal onderdeel van Studio Vacant NL. De stelling van Pieter Alexander Lefebvre is dat het een ontwerpstrategie kan zijn, en manier van bewust dingen openlaten om de gebruiker te activeren.[8]

'Het is naar mijn mening een onderdeel van de 'verheven' taak van de architect om waar mogelijk ook 'rede en gevoeligheid' te geven aan het enorme bestand van leegstaande gebouwen dat zich als een gapend gat in het stedelijk weefsel manifesteert. Ik denk dat het nodig en zinvol is om het vak van architect en de rol die hij vervult in het ontwerp- en bouwproces te heroverwegen. Door te kijken naar wat de gebruiker wil en door dit te vergelijken met wat hij zou kunnen willen en hoe dit zich tijdens het gebruik kan ontwikkelen, zou er een manier van ontwerpen kunnen ontstaan die 'open' is en die anticipeert op mogelijk gebruik. Het doel in een dergelijk proces is het maken van een ontwerp dat niet afgekaderd en 'af' is, maar dat in zich de mogelijkheid tot verandering en aanpassing heeft. Zodat tijdens het gebruik het ontwerp kan veranderen indien dit gewenst is.'

Een van de belangrijke uitgangspunten in Lefebvres onderzoek is het artikel 'Accelerating Darwin', waarin land-

time. They make buildings speak, and literally give an area a voice.

The Connector

Starting a new relationship with a building, a context, a physical condition, a history over and over again may be very exciting and dynamic, but it is also time-consuming, at times difficult, and often much more costly than it looks. Is it perhaps naive of Waal and other romantics to first and foremost consider possibilities?

Sometimes, by settling for a bed that is too small or, with great bravura, making daring leaps, one encounters things one would never have thought possible. This is where progress starts. And what about the fact that nothing is predictable? That was part of the game, wasn't it? But how far should one go to adapt? Adaptation by both architecture and users is an integral part of Studio Vacant NL. The proposal by Pieter Alexander Lefebvre is that it can be a design strategy, a way of consciously leaving things open in order to activate the user.[8]

'In my opinion, it is part of the architect's 'elevated' task to endow the enormous stock of vacant buildings that appears like a gaping hole in the urban fabric with 'reason and sensitivity' wherever possible. I consider it necessary and useful to reevaluate the architect's profession and the role he plays in the design and construction process. By looking at what the user wants and comparing this to what he might want and how this might develop during use, a design approach might develop that is 'open' and anticipates possible uses. The aim in such a process is to develop a design that is not boxed in and 'finished' but contains the possibility for change and adaptation, so that while it is being used, the design can, if required, change.'

One of the keynotes in Lefebvre's study is an article by landscape architect Adriaan Geuze, 'Accelerating Darwin'[9]. Geuze describes a form of self-conscious manipulation by the user in the creation of the landscape. He illustrates this with the Maasvlakte development near Rotterdam and the sensation of the 'unprogrammed'. The user's investigative attitude, which is assumed, requires a public space that permits, stimulates and even manipulates this behaviour. In Lefebvre's eyes this process, in which the user and the designed landscape mutually influence and stimulate each other, is a form of assimilation. Assimilation in this sense improves the relationship between the individual and the world. The landscape is used in unfore-

schapsarchitect Adriaan Geuze een vorm van zelfbewuste manipulatie beschrijft in de schepping van het landschap door de gebruiker.[9] De Maasvlakte en de sensatie van het ongeprogrammeerde worden als voorbeeld genomen. De onderzoekende houding van de gebruiker die wordt verondersteld, vergt een openbare ruimte die dit handelen toelaat, stimuleert en ook zelf manipuleert. Dit proces waarin gebruiker en het ontworpen landschap elkaar wederkerig beïnvloeden en stimuleren, is in de ogen van Lefebvre een vorm van assimilatie. Assimilatie, in deze zin, verbetert de relatie tussen individu en wereld. Het landschap wordt op manieren gebruikt die niet waren voorzien en blijkt over allerlei nieuwe potenties te beschikken.

Lefebvre bracht met zijn collega's van Studio Vacant NL zijn ideeën in de praktijk in het project 'Inside the White Whale'. Enorme industriële transportzakken waarmee zeecontainers worden gevoerd, kunnen eenvoudig in iedere gewenste vorm aan elkaar genaaid worden, waardoor in lege ruimtes oneindig veel gebruiksmogelijkheden gecreëerd kunnen worden.

Tot slot

Een van de belangrijkste uitgangspunten van Vacant NL is het idee dat echte vernieuwing veelal voortkomt uit kruisbestuiving. Juist de breedte aan perspectieven die dat mogelijk maakt, is te vinden in deze projecten en studies. Verschillende visies en methodieken, die soms als tegengesteld en onverenigbaar worden gezien, vullen elkaar aan, schuiven in en over elkaar heen, en schuren en botsen tot de vonken er afvliegen. Als team hebben we aangestuurd op visionaire perspectieven, wild dromen, abstract en concreet durven zijn, zowel klein als grootschalig durven denken, en daarbij altijd – al is het maar met een half oog – de werkelijkheid in de gaten te houden. Het is een enorme ambitie om een volkomen nieuw gebied te ontginnen, een gebied dat architectuur, sociologie, economie, politiek design en filosofie inzet om nieuwe manieren van werken te initiëren en nieuwe inhoudelijke verbanden te laten ontstaan. Een ambitie die veel meer dan twee jaar vergt om te vervullen. Maar lege vierkante meters zijn geduldig, zegt men.

seen ways, and it turns out to have all sorts of new potential.

Together with his colleagues at Studio Vacant NL, Lefebvre implemented some of his ideas in the 'Inside the White Whale' project. Huge industrial transportation sacks that are used to transport raw materials in sea containers can simply be sewn together to create any desired shape so that infinite possibilities for use can be created in vacant spaces.

Conclusion

One of Vacant NL's basic principles is the conviction that real innovation often results from cross-fertilization. It is the very breadth of perspectives thus created that can be found in the projects and studies described here: different visions and methods that are sometimes considered contradictory and irreconcilable complement each other, overlap or merge, and grate and clash until sparks fly. As a team, we aimed for visionary perspectives, wild dreams, daring to be abstract or concrete, daring to think on a small and a large scale, always bearing in mind reality, if only out of the corner of our eye. It is a huge ambition to cultivate a completely new field of study, a field that draws on architecture, sociology, economics, politics, design and philosophy to initiate new ways of working and to promote the development of new substantive connections. It is an ambition that will take much longer than two years to achieve. But they say that vacant square metres are very patient.

①

Human type linked to territory and totem animal that provide the basis for design principles for temporary territory at vacant sites (by Henriëtte Waal).
Menstype gekoppeld aan territorium, totemdier en daarop gebaseerde ontwerpprincipes voor tijdelijk territorium in de leegstand (door Henriëtte Waal).

②

Sjoerd ter Borg's 'Publisher of Vacancy' provides buildings without any prospects with new stories. Writers are asked to temporarily manage deserted sites. (www.uitgeverijvanleegstand.nl)
De Uitgeverij van Leegstand (Sjoerd ter Borg) biedt gebouwen zonder perspectief nieuwe verhalen. (www.uitgeverijvanleegstand.nl)

	Territory Territorium	**Totem animal** Totemdier	**Design principles for temporary territory** Ontwerpprincipes voor tijdelijk territorium
Alternative globalist Andersglobalist	**specifically local, but globally networked** specifiek lokaal, maar mondiaal genetwerkt	**flock of birds, shoal of fish** zwerm vogels, school vissen	**local, but globally networked, DIY manuals, hacking** lokaal, maar mondiaal genetwerkt, DIY-manuals, hacking
Defensive neighbourhood resident Defensieve buurtbewoner	**specifically local** specifiek lokaal	**globefish, fainting goat, hedgehog** kogelvis, flauwvallende geit, egel	**none** geen
Mobile homer Mobile homer	**specific and mobile** specifiek en mobiel	**snail, crab** slak, krab	**mobile, light** mobiel, lichtness
DIY type Do-It-Yourself- type	**specific and mobile** specifiek en mobiel	**bowerbird, emperor angelfish, weaver bird** prieelvogel, keizersvis, wevervogel	**DIY manuals, hacking, material harvesting chart, low-tech construction** DIY-manuals, hacking, materiaal-oogstkaarten, lowtech-constructie
Permanently mobile Permanent mobiele	**global and 'light'** global en 'light'	**firefly, migratory bird, glasswing butterfly** vuurvlieg, trekvogel, glasvleugelvlinder	**footloose, hybrid, gamification, camouflage, counterbalancing** footloose, hybride, gamification, camouflage, counterbalancing

Endnotes Noten

1 Sjoerd ter Borg, 'Beheer in ontwikkeling. Van traditioneel leegstandbeheer naar het organisch ontwikkelen van tijdelijk leegstaande gebouwen' (Thesis, Sandberg Instituut, 2012).
1 Sjoerd ter Borg, 'Beheer in ontwikkeling. Van traditioneel leegstandbeheer naar het organisch ontwikkelen van tijdelijk leegstaande gebouwen' (scriptie Sandberg Instituut, 2012).
2 In this chapter, the term 'Vacant NL' refers to the vision of vacancy as presented during the Architecture Biennale in Venice in 2010 (see chapter 1).
2 Het begrip 'Vacant NL' verwijst in dit hoofdstuk naar de visie op leegstand zoals gepresenteerd tijdens de Architectuurbiënnale in Venetië in 2010. Zie hoofdstuk 1.
3 Celine de Waal Malefijt, 'Exploitant van Possible Worlds. Tijdelijk gebruik met verbeeldingskracht ontplooit zich door middel van narratieve technieken' (Thesis Sandberg Instituut, 2012).
3 Celine de Waal Malefijt, 'Exploitant van Possible Worlds. Tijdelijk gebruik met verbeeldingskracht ontplooit zich door middel van narratieve technieken' (scriptie Sandberg Instituut, 2012).
4 Christiaan Bakker, 'Packing for Moving' (Thesis, Sandberg Instituut, 2012).
4 Christiaan Bakker, 'Packing for Moving' (scriptie Sandberg Instituut, 2012).
5 Jorien Kemerink, 'De smeltende stad. De faseovergang van een vaste naar een vloeibare stadsstructuur' (Thesis, Sandberg Instituut, 2012).
5 Jorien Kemerink, 'De smeltende stad. De faseovergang van een vaste naar een vloeibare stadsstructuur' (scriptie Sandberg Instituut, 2012).
6 Daan van den Berg, 'Scenographie van de lege ruimte' (Thesis, Sandberg Instituut, 2012).
6 Daan van den Berg, 'Scenografie van de lege ruimte' (scriptie Sandberg Instituut, 2012).
7 Henriëtte Waal, 'Over tijdelijke territoria in de leegstand' (Thesis, Sandberg Instituut, 2012).
7 Henriëtte Waal, 'Over tijdelijke territoria in de leegstand' (scriptie Sandberg Instituut, 2012).
8 Pieter Alexander Lefebvre,'Assimilatie als ontwerpmethode' (Thesis, Sandberg Instituut, 2012).
8 Pieter Alexander Lefebvre, 'Assimilatie als ontwerpmethode' (scriptie Sandberg Instituut, 2012).
9 Adriaan Geuze, 'Accelerating Darwin', in: Gerrit Smienk (ed.), Nederlandse landschapsarchitectuur: *Tussen traditie en experiment*, Amsterdam: Uitgeverij THOTH i.s.m. Academie van Bouwkunst Amsterdam 1993, pp. 12-22.
9 Adriaan Geuze, 'Accelerating Darwin', in: Gerrit Smienk (red.), Nederlandse landschapsarchitectuur: Tussen traditie en experiment, Amsterdam: Uitgeverij THOTH i.s.m. Academie van Bouwkunst Amsterdam 1993, pp. 12-22.

6

NEW HORIZONS IN THE BLANK LAND

VERGEZICHTEN IN HET WITTE LAND

Jorge Bakker, In Search Of Habitus (Applied Arts, Sandberg Instituut, Amsterdam 2012).

Jorge Bakker, In Search Of Habitus (Applied Arts, Sandberg Instituut, Amsterdam 2012).

6 Vergezichten in het witte land

Jurgen Bey

Het Sandberg Instituut (Gerrit Rietveld Academie, Amsterdam), geleid door directeur Jurgen Bey, biedt naast een vast onderwijsprogramma (Fine Arts, Design, Applied Arts, Interior Architecture) unieke tijdelijke masters aan die maatschappelijke vraagstukken op specifieke wijze agenderen. Het instituut loopt hiermee voorop in het initiëren van nieuwe (kunst- en ontwerp)specialismen. Het programma Studio Vacant NL was van september 2011 tot september 2013 het eerste experiment in deze reeks. Onderstaande tekst is een weergave van de denkbeelden van Jurgen Bey over de toekomst van het onderwijs, het belang van experiment voor ontwerpend onderzoek en de potentie van leegstand.[1]

Van vraagstuk naar nieuw vakgebied

De allermooiste plek waar je kunt zijn is in een school: de plek waar alles kan en de enige plek waar de toekomst nooit *niet* bestaat. De schoonheid van educatie is dat iedereen alles op tafel legt. Het is een ongeschreven regel binnen onderwijs dat men alle kennis met elkaar deelt. Het is ook de meest duurzame plek, omdat je kunt blijven 'oefenen' tot je ideeën voldoende ontwikkeld en rijp voor de praktijk zijn.

Deze situatie biedt de ideale condities voor ontwerpend onderzoek waarmee maatschappelijke vraagstukken in een nieuw perspectief geplaatst kunnen worden. Bovendien bestaat er geen betere tijd voor experimenten dan deze. Eindelijk kunnen we vragen oppakken waar we normaal gesproken niet aan toe kwamen. Binnen het Sandberg Instituut proberen we deze vraagstukken niet op te lossen, maar te agenderen middels masterprogramma's die maar twee jaar bestaan. Na twee jaar is het vraagstuk niet verdwenen, maar wél geagendeerd. Deze tijdelijke programma's bieden het instituut telkens opnieuw de mogelijkheid om op het moment dat het actueel is een specifieke vraag direct op te nemen in het onderwijsaanbod.

Studio Vacant NL was het eerste experiment binnen dit nieuwe onderwijsmodel. Kunstenaars of ontwerpers – in dit geval RAAAF – die reeds bezig zijn met een specifiek vraagstuk krijgen als hoofd van zo'n tijdelijk programma de kans om het onderwerp samen met studenten twee jaar lang door te ontwikkelen. Dankzij de voorkennis van de hoofden en hun reeds opgebouwde

6 New Horizons in the Blank Land

Jurgen Bey

Jurgen Bey is the director of the Sandberg Instituut at the Gerrit Rietveld Academie in Amsterdam. The institute has a permanent teaching programme (Fine Arts, Design, Applied Arts, Interior Architecture) as well as unique temporary Master's programmes that draw attention to societal issues in specific ways. The institute is a leading initiator of new art and design specialisms. Studio Vacant NL programme, which took place from September 2011 until September 2013, was the first experiment in the series. The following text represents Jurgen Bey's ideas about the future of education, the importance of experimentation for design research and the potential of vacancy.[1]

From an Issue to a New Field of Study

School is the most wonderful place to be: a place where everything is possible and the only place where the future doesn't ever *not* exist. The beauty of education is that everyone lays all their cards on the table. It is an unwritten rule in education that people share all their knowledge with each other. It is also the most sustainable place because one can keep 'practising' until one's ideas have developed sufficiently and are ready to be implemented.

This situation provides the ideal conditions for design research that puts societal issues in a new perspective. Moreover, there is no better time for experimentation than this: we are finally addressing questions that we normally never get around to dealing with. At the Sandberg Instituut we do not attempt to solve these issues; instead, we draw attention to them through Master's programmes that last for only two years. When the two years are up, an issue will not have disappeared, but it will be on the agenda. Over and over again, these temporary programmes provide the institute with the opportunity to directly include in its educational programme specific issues that are relevant at any one time.

Studio Vacant NL was the first experiment in the context of this new educational model. Artists or designers who are already involved in a specific issue (in this case RAAAF) direct one of these temporary programmes. This gives them the opportunity to spend two years developing a subject further with students.

netwerk kan direct gestart worden met gerichte experimenten en ontwerpingrepen. Tevens trekt het instituut door de specifieke inhoudelijke focus studenten aan uit verschillende (wetenschappelijke en ontwerp)disciplines, maar met dezelfde inhoudelijke agenda. Op deze manier ontstaat rondom een specifiek onderwerp een kleine multidisciplinaire community die de grenzen van een vakgebied kan oprekken.

Het Sandberg Instituut heeft binnen deze tijdelijke programma's enkel een initiërende en faciliterende rol. Het onderwerp blijft verbonden aan de mensen die er mee bezig zijn. In het meest ideale scenario gaat (een deel van) zo'n community na twee jaar onafhankelijk van het instituut verder met het vraagstuk of wordt het geadopteerd door een andere opleiding. Op de langere termijn kan een vraagstuk zich ontwikkelen tot een nieuw vakgebied, zoals Vacancy Studies laat zien.

Leegstand is geen probleem

Binnen het Sandberg Instituut vertellen we geen grote verhalen waarmee we beweren de wereld te verbeteren. Ook wachten we niet tot men in de 'buitenwereld' bedacht heeft wat er moet gebeuren. We gaan gewoon aan de slag met een onderwerp in de overtuiging dat de experimenten tot nieuwe inzichten leiden. Het is van belang om het vertrouwen te hebben dat je, wanneer je maar lang genoeg doorloopt, altijd ergens uitkomt – en dat als je onderweg ergens over struikelt, je dát waarschijnlijk oppakt.

Het is essentieel dat ontwerpers niet probleemoplossend te werk gaan, maar werken aan ideeën voor de toekomst. Dit zijn vergezichten waar geen problemen bestaan. Het gaat erom dat je als ontwerper de potentie laat zien; om het benoemen van *wat kan zijn* in plaats van *wat niet is*. Om dat te bewerkstelligen is ruimte en vrijheid nodig. Indien er te vroeg praktische vragen gesteld worden, krijgt een idee niet de kans om zich te ontwikkelen tot nieuw vergezicht. Ontwerpen is net als parachutespringen: probeer zo lang mogelijk in de vrije val te blijven, en pas op het laatste moment, wanneer je denkt dat je het weet, trek je aan het koord van de parachute. In die vrije val blijf je, binnen de wetten van de zwaartekracht en de werkelijkheid, zo lang mogelijk vrij bewegen. Je hebt dan alle vrijheid om de wereld van alle kanten te bevragen. De nieuwe vergezichten die uit zo'n proces voortkomen, kunnen vervolgens voor anderen aanleiding zijn om met oplossingen te komen.

Een goed voorbeeld van waar zo'n vergezicht toe kan leiden, is het project *In Search of Habitus* van kunstenaar-ontwerper Jorge Bakker. Deze installatie bestaat uit een met water gevuld aquarium waarin miniatuur-

Thanks to the directors' accumulated expertise and experience, and the networks they have already built up, it is possible to start immediately with focused experiments and design interventions. The institute's specific content-focus also attracts students from different scientific and design disciplines who share the same agenda. A specific subject thus becomes the focus of a small, multi-disciplinary community that can extend the boundaries of a field of study.

The Sandberg Instituut only plays an initiating and facilitating role in these temporary programmes. The subject remains the domain of the people who are dealing with it. In the ideal scenario, when the two years have lapsed some or all of the community will continue to address the research topic independently of the institute, or the issue will be taken up by another field of study. In the longer term, an issue itself might develop into a new field of study, as happened with Vacancy Studies.

Vacancy is Not a Problem

At the Sandberg Institute we do not come up with impressive stories about how we are going to improve the world, nor do we wait until people in the 'outside world' have thought up solutions. We simply start with an issue, convinced that our experiments will lead to new insights. It is important to have the confidence that you will always get somewhere if you just keep going for long enough, and that if you trip over something along the way, you will pick that up too.

It is essential that designers do not adopt a problem-solving approach. Instead, they should work on ideas for the future: new horizons, where problems do not exist. Designers reveal potential: they point to *what can be done* rather than to *what does not exist*. In order to achieve this, space and freedom are required. If practical questions are posed too soon, an idea does not get the chance to develop into a new horizon. Designing is just like parachuting: you try to stay in free fall for as long as possible; you do not pull the cord until the last moment, when you think you know something. In this free fall you continue to move freely as long as possible, within the laws of gravity and reality, giving you complete freedom to question the world from every possible angle. The new vistas resulting from this process can provide leads for others to come up with solutions.

The *In Search of Habitus* installation by artist-designer Jorge Bakker is a good example of where these new horizons can lead. This installation consists of a water-filled aquarium in which miniature trees drift

bomen op dobbers losjes op het water drijven (zie p. 166). De installatie roept vragen op over de relatie tussen de stadsmens en de natuur. Tegelijkertijd ziet Universiteit Wageningen in dezelfde installatie een perfect model om waterhuishouding- en bosbouwmogelijkheden verder te ontwikkelen. Daarnaast heeft de Rotterdamse Rijnhaven het uitgekozen als een voorbeeldproject voor drijvend bouwen. De vraag is: was dit ook gebeurd als Jorge 's ochtends wakker was geworden met de ambitie om het hele waterhuishoudingprobleem in één keer op te lossen?

Het witte land

De schoonheid van leegstand is dat we voor het eerst met iedereen tegelijkertijd aan een opgave kunnen werken: architecten, landschapsarchitecten, filosofen, industrieel ontwerpers, modeontwerpers en wetenschappers. Recente initiatieven in leegstaande gebouwen komen echter veelal voort uit een probleemoplossende ambitie. Maar op het moment dat de leegstaande plekken in de stad als 'witte vlekken' worden gezien die men tijdelijk kan innemen voor specifieke programma's, ontstaat er een wereld met ongekende mogelijkheden. We kunnen onszelf gaan zien als de bouwmeesters van dat witte land.

Denk bij die mogelijkheden van leegstand bijvoorbeeld aan experimenteerruimte. Die is hard nodig nu maatschappelijke vraagstukken, zoals op het gebied van energie en drinkwater, ons dwingen tot innovatie. Proeven in de praktijk zijn essentieel om nieuwe vergezichten en 'wat-als'- scenario's door te ontwikkelen. De leegte in steden is hiervoor uitermate geschikt. Het is per direct beschikbare en relatief goedkope ruimte waar men over het algemeen niemand tot last is. Deze plekken kunnen voor een bepaalde periode een diverse werkgemeenschap faciliteren die zich bezighoudt met een precies geformuleerd vraagstuk. De gebouwen, die anders toch leeg zouden staan, bieden zo ruimte aan de ontwikkeling van kennis en ondernemerschap.

Tijdelijk is tijdelijk

Het is wel noodzakelijk om de 'tijdelijkheid' veel beter te benoemen wanneer leegstaande gebouwen in de tussentijd hergebruikt worden. Velen denken dat als ze eenmaal ergens 'binnen' zijn, ze ook het recht hebben om zich die plek voor onbepaalde tijd toe te eigenen. In plaats daarvan zou het gezien moeten worden als een soort 'abonnement' op ruimte: als de afgesproken gebruikstermijn verstreken is, stopt het gewoon op deze locatie. De werkgemeenschap wordt dan weer opgedoekt of er wordt een nieuwe fase ingeluid. Een duidelijke tijdspanne en vooral de verplaatsing die daaruit volgt, zor-

freely on floats (see p. 166). It raises questions about the relationship between city dwellers and nature. At the same time, Wageningen University saw in this installation a perfect model for the further development of water management and forestry opportunities. The installation has also been selected by the Rotterdam Rijnhaven as an example project for floating buildings. The question is: would all this have happened if Jorge had woken up in the morning with the ambition to solve the entire water management problem in one go?

The Blank Land

The beauty of vacancy is that for the first time we can work on an assignment together with everyone at the same time: architects, landscape architects, philosophers, industrial designers, fashion designers and scientists. Recent initiatives for vacant buildings have often been developed to solve a problem, but as soon as a city's vacant locations are seen as 'blank spots', which can be temporarily used for specific programmes, a world of unexplored possibilities opens up. We can start to see ourselves as the architects of this blank land.

Vacancy can be used for instance to provide space for experimentation, which is badly needed now that societal issues such as energy and drinking water are forcing us to innovate. Testing things in practice is essential for the further development of new horizons and 'what if' scenarios. Urban vacancy is perfectly suited to this: it is immediately available and relatively cheap space where one usually does not bother others. These sites can accommodate a multi-disciplinary working community that addresses a precisely formulated issue for a specific period of time. This way, buildings that would otherwise have been empty provide space for the development of knowledge and entrepreneurship.

Temporary Means Temporary

It is necessary to place much greater emphasis on 'temporariness' when vacant buildings are reused in the interim. Many people think that once they have a foot in the door somewhere they also have the right to appropriate the site for an unlimited length of time. Instead, it should be seen as a sort of 'subscription' to space: when the agreed period for use has lapsed, it simply comes to an end at this location. The working community is then either shut down or it enters a new phase. A clear time span and, above all, the move that follows, create the desired dynamic in a city. This idea of *sequential temporariness* is crucial.

gen voor de gewenste dynamiek in een stad. Dit idee van *sequentiële tijdelijkheid* is cruciaal.

Sequentiële tijdelijkheid

Als je ergens te lang bent, wil je blijven en dan gaat daar je energie in zitten. In het witte land van tijdelijk gebruik draait het echter om de kennisontwikkeling, dáár moet de energie op gefocust worden. Als je als ontwerper weet dat de plek voor bijvoorbeeld vijf jaar beschikbaar is en serieus neemt dat je daarna weer doorverhuist, dan ga je wezenlijk anders ontwerpen, bouwen en werken. Daarom proberen wij ontwerpers op te leiden die middelen en gereedschappen maken om op leegstand mee te surfen. Dit kan een ontwerp zijn van een nieuw type meubel (bijvoorbeeld een bureautafel die de grens tussen wonen en werken doet vervagen doordat je er onder kunt slapen, 'sleeping under the desk'), maar ook een ontwerp voor nieuwe wetgeving of een nieuw type leegstandsbeheer. Daarom is het essentieel om studenten uit verschillende disciplines te hebben die het onderwerp anders bevragen, maar wel wetenschap hebben van elkaars vak.

Naast duidelijke afspraken over de gebruikstermijn is het ook essentieel om de gebruikscondities precies te benoemen. Daar ligt een taak voor de bouwmeesters van het witte land. De belofte lijkt in de leegte, in het ongedefinieerde, te zitten, maar in werkelijkheid zit de potentie van leegstand juist in de mogelijkheid om vraagstukken heel specifiek te beschouwen. Als je zegt 'alles is hier mogelijk', dan krijg je dezelfde communities die er nu ook al zijn. Door de voorraad leegstaande gebouwen te scannen op mogelijkheden en locatiespecifieke kwaliteiten, kunnen vraagstukken en plekken gericht aan elkaar gekoppeld worden. Denk aan de al vier jaar leegstaande Shelltoren in Amsterdam, die ongekend gewild en populair is, maar waar geen elektriciteit, gas en riolering is. Hier zijn de hoogte en het ontbreken van energie aanleiding voor een specifiek vraagstuk in de tussentijd: *off the grid* leven. Of neem een gebouw dat totaal geen isolatie kent – dan is buitentemperatuur het uitgangspunt, en iedereen die met buitentemperatuur werkt kan een voorstel indienen. De gedachte 'het staat toch leeg, we kijken wel' is opmerkelijk. Alsof er geen vragen en 'wat-als'-scenario's zijn die je als maatschappij zou willen ontwikkelen. Daarom is het belangrijk om vragen en plekken te benoemen waar potentie in zit, om daar vervolgens gericht mee aan de slag te gaan.

Het is dus van belang om een inhoudelijke focus te hebben en de periode van het tijdelijk gebruik vooraf duidelijk te definiëren. Omdat het vaak niet meteen duidelijk is wat het tijdelijk gebruik zal opleveren, is het essentieel van tevoren helder te maken wat onderzocht

Sequential Temporariness

If you stay too long in one place, you want to stay and invest your energy there. In the 'blank land' of temporary use, however, everything revolves around the development of knowledge, and that must be the focus of the energy. If as a designer you know a place is available for, say, five years, and you are well aware of the fact that you must move on after that, you design, build and work differently. This is why we try to train designers to make the means and tools to surf with vacancy: it might be a design for a new type of furniture, like 'Sleeping under the desk', a desk that blurs the distinction between living and working so one can sleep under it; or it might be working on new legislation or a new type of vacant-property management. This is why it is essential to have students from different disciplines who investigate a subject from different angles but who still have an awareness of each other's subject.

Besides clear agreements about the length of time a property might be used for, it is also crucial to reach precise agreement on the conditions for use. The blank land's architects have a role here: the potential appears to be in the emptiness, in the undefined. In reality, however, the potential of vacancy lies in the possibility to consider particular issues very specifically. If you say, 'Everything is possible here', you end up with the same communities that already exist. Screening the supply of vacant buildings for potential uses and location-specific qualities makes it possible to link specific issues to specific sites. Think of the Shell site in Amsterdam, which has been vacant for four years: it is in great demand and very popular, but it does not have electricity, gas or sewerage. Here, the building's height and its lack of electricity provide opportunities for a specific issue in the interim: living 'off the grid'. Or take a building that has no insulation whatsoever: the outdoor temperature would then be the starting point, and everyone who works with outdoor temperatures could submit a proposal. The idea that 'something is vacant anyway, we'll see what happens' is remarkable, as if there are no questions and 'what if' scenarios that we as a society would like to develop. This is why it is important to identify issues and locations that have potential and then deal with them in a specific way.

It is therefore important to focus on content and to clearly define the period for temporary use at the outset. Because the results of a temporary use are often not immediately obvious, it is essential to clearly agree beforehand what will be researched and why it

wordt en waarom dit van belang is. Zo transformeert een precies gekozen 'witte vlek' in de stad tijdelijk in een activistisch knooppunt van individuen en groepen uit diverse vakgebieden met een gedeelde fascinatie en inhoudelijke agenda. Deze werkgemeenschap ontwikkelt ter plaatse nieuwe kennis ten behoeve van dat specifieke vraagstuk. Ondertussen weten de eigenaar van het pand en de omwonenden precies wanneer het experiment op die plek weer eindigt en er doorverhuisd gaat worden. De leegstand is op deze manier niet alleen een stimulans voor kennisontwikkeling, maar tegelijkertijd een middel om specifieke vraagstukken te agenderen.

Communities voor de experimentele kenniseconomie

De waarde van 'tijd' is voor jonge creatieven heel anders dan voor het ministerie van Economische Zaken, waar 'tijd is geld' het devies is en experimentele tijd vaak als kostbaar wordt gezien. Jonge startende ondernemers hebben echter juist vaak veel tijd maar nog weinig te besteden. Met goedkope woon- en werkruimte kunnen ze hun tijd en talent gebruiken voor gerichte experimenten. Deze experimenten kunnen, wanneer ze secuur en volhardend gedaan worden, tot innovatie leiden. Het koppelen van deze gebruikersgroep aan leegstand kan zo tot verrassende uitkomsten leiden.

Wanneer bijvoorbeeld de hele 'energielijn' van studenten wordt uitgezocht – wat ontvangen ze aan studiefinanciering, hoeveel verdienen ze met bijbaantjes, hoeveel tijd besteden ze vrijwillig aan het verenigingsleven, et cetera – dan blijkt een enorme hoeveelheid kapitaal in het onderwijssysteem te zitten. Daarnaast is onderwijs een duidelijk in tijd vastgelegd programma: de gemiddelde studie duurt vijf jaar. Het zou een interessant experiment zijn om dit kapitaal in te zetten op één plek binnen één onderwijscyclus van vijf jaar. Een leegstaand pand transformeert voor enkele jaren in een woonwerkplek voor studenten van uiteenlopende vakgebieden, waarvan de persoonlijke ambitie aansluit bij een specifiek geagendeerd onderwerp. Overdag werken ze aan hun studie en de rest van hun kapitaal (tijd, talent, et cetera) investeren ze intern, in de community en in het vraagstuk. Wat voor kenniseconomie zou dit opleveren?

Het opbouwen van de infrastructuur voor een tijdelijk programma kost veel tijd (gemiddeld minimaal vier tot vijf jaar) en geld. Tegen de tijd dat het rendabel wordt, is de gebruikstermijn van de plek verstreken en is het vraagstuk waarschijnlijk allang geagendeerd. Maar educatie heeft als voordeel dat het systeem al helemaal georganiseerd is, waardoor er meer vrijheid is om zo'n expe-

is important. This temporarily transforms a carefully selected 'blank spot' in a city into an activist interchange of individuals and groups from various fields who share the same interests and knowledge agenda. A working community like this then develops new knowledge about a specific issue on site. In the interim, the owner of the premises and those who live in the vicinity know exactly when the experiment on these premises will end and when everyone will move on. This way, vacancy is not only a stimulus for the development of knowledge but also a means of drawing attention to specific issues.

Communities for the Experimental Knowledge Economy

The value of 'time' is quite different for creative young people than for the Ministry of Finance, whose motto is 'time is money' and where experimental time is often considered expensive. However, young entrepreneurs who are just starting out often have a lot of time but little money. If they are provided with cheap accommodation for housing and work they can use their time and talent for focused experiments. When these experiments are carried out with precision and determination, they can lead to innovation. Coupling this target group with vacant sites can lead to astonishing results.

For example, when the whole 'energy line' of students is examined – how much do they receive in the way of grants, how much do they earn from part-time jobs, how much time do they spend voluntarily at clubs and associations, etc. – it turns out that the education system contains a huge amount of capital. Besides this, education provides a programme that is clearly defined in terms of time: the average course of study lasts five years. It would be an interesting experiment to deploy this capital in a single location in a single, five-year educational cycle: a vacant building could be transformed for a few years into a living-working location for students from different fields of study whose personal ambition fits in with a specifically nominated issue. They would study during the day and invest the rest of their capital (time, talent etc.) internally, in the community and in the issue at hand. What sort of knowledge-intensive economy might that result in?

Building up the infrastructure for a temporary programme takes a great deal of time (on average, at least four to five years) and money. Just when it starts to become profitable, the agreed period for use of the building expires and the issue has probably long since been put on the agenda. But the advantage of educa-

riment te doen. Het is denkbaar dat naast het bestaande studiefinancieringssysteem een variant uitgedacht wordt die past bij de jonge ondernemersgeest. Een vorm van 'studeren bij de bank' in plaats van 'studeren met de overheid'. Ondernemende studenten die zich willen committeren aan zo'n tijdelijke woon-werkplek, kunnen in overleg met de bank de beschikbare studiefinanciering als investering verdelen over de looptijd van hun studie. Zo kan een gebouw worden ontwikkeld vol ondernemers, die zich vervolgens met al hun ervaring en kennis weer gaan verspreiden.

Cultuur van vernieuwing

Om leegstand te koppelen aan kennisontwikkeling is het noodzakelijk om een cultuur te ontwikkelen die gelijkgestemden aantrekt. Een 'nieuw werklandschap' waarin de scheidslijn tussen werktijd en vrije tijd vervaagt, wonen en werken meer en meer geïntegreerd raken, mobiliteit en flexibiliteit belangrijk zijn en nieuwe vormen van samenwerken en collectiviteit zich aandienen.[2] De plekken functioneren in feite als studentenverenigingen, met het wezenlijke verschil dat de leden van studentenverenigingen een sociale basis hebben en de werklandschap-gemeenschappen een inhoudelijke basis. Overdag studeer je en 's avonds stop je vrijwillig tijd en energie in de community. Het is niet primair de locatie zelf die de verblijfsplek van de individuen bepaalt, maar de cultuur waarmee ze zichzelf vereenzelvigen. Deze 'persoonlijke cultuur van de community' is tegelijkertijd de bindende factor *tussen* de individuen. Het wordt interessant wanneer zo'n nieuwe cultuur zich gaat verspreiden en een vliegwieleffect ontstaat: de 'witte vlekken' vullen zich dan steeds makkelijker.

Naast het aantrekken van gelijkgestemden is het noodzakelijk om een multidisciplinaire groep te hebben. De verrijking zit in de combinaties van specialisten en niet in de verbreding van specialisten. Zo kunnen vraagstukken vanuit verschillende hoeken onderzocht worden, maar wel met dezelfde koers. Dat is ook mooi uitgebeeld in 'Placebook Panaroma' (zie pp. 24–27), dat Barbara Visser voor 'Vacant NL' heeft gemaakt. Daarin werd meteen duidelijk dat de interessante dingen gebeuren op plekken waar combinaties van al die verschillende specialisten samenkomen.

Het ontwerpvak is zich momenteel enorm aan het ontwikkelen. Studenten kunnen veel meer deelgenoot worden van dit proces. Het is de taak van onderwijs om een veld te creëren waarbinnen studenten vrij kunnen bewegen en waarbinnen dingen mogelijk zijn die daarbuiten niet mogelijk zijn. Kunst en ontwerp zouden zich

tion is that the system is already completely organized, meaning there is more freedom to experiment. It is conceivable that in addition to the existing grants system, an alternative will be devised that suits the young entrepreneurial spirit – a form of 'studying with bank loans' instead of 'studying with government loans': entrepreneurial students who wanted to commit themselves to such a temporary living-working location could reach an agreement with the bank to spread the available grant over the course of their study as an investment. It would be possible to develop a building filled with entrepreneurs who, armed with all their knowledge and experience, would then spread out further afield.

Culture of Renewal

In order to link vacancy to the development of knowledge, it is necessary to develop a culture that attracts likeminded people: a 'new work landscape' where the dividing line between work time and leisure time is blurred, living and working become increasingly integrated, mobility and flexibility are important, and new collectives and collaborative methods develop.[2] These places would work like student associations in the Netherlands, with this important difference: the members of student associations have a social basis, whereas the work-landscape communities would be based on content – students would study during the day and voluntarily put time and energy into the community in the evenings. It is not the location itself that determines where individuals stay, but rather the culture they identify themselves with. At the same time, this community's 'own culture' would be the binding element *between* the individuals. It becomes interesting when a new culture like this starts to spread out and a 'flywheel effect' develops: it becomes easier and easier to fill up the 'blank spots'.

Besides attracting likeminded people, it is necessary to have a multi-disciplinary group: enrichment lies in the combination of specialists and not in the wider range of specialists. Issues can then be investigated from different angles while still heading in the same direction. This is also aptly illustrated in *Placebook Panorama* (see p. 24–27), which Barbara Visser made for Vacant NL: it immediately became obvious that the interesting things happen at places where combinations of all these different specialists come together.

Design as an expertise is currently developing at a rapid pace. Students can become partners in this process to a much greater extent: it is the task of education to create a field in which students can move freely, and in which things are possible that are not

veel meer moeten verhouden tot de wetenschap en economie, maar niet de wetenschap die door wetenschappers is bedacht en niet de economie die door economen is bedacht. Een eigen wereld met een eigen interpretatie van wetenschap en economie, die zich niet beperkt tot een houding als 'de klant is koning', maar die ruimte biedt voor een proactieve, experimenterende rol van kunstenaars en ontwerpers. Om deze reden zijn juist tijdelijke masters als Vacant NL zo belangrijk; ze initiëren een nieuwe cultuur die zich kan gaan verspreiden.

possible outside that field. Art and design should relate much more closely to science and economics, but not to the science devised by scientists and the economics devised by economists. They should create their own world with their own interpretation of science and economics that is not limited to only serving 'the customer, who is always right', but that provides the space for a proactive, experimental role for artists and designers. This is why temporary Master's programmes such as Vacant NL are so important; they initiate a new culture that can then be dispersed.

01

①

Roeland Otten, still from *Study for Horizon. Reenactment after Sigurdur Gudmundsson* (Studio for Immediate Spaces, Sandberg Instituut, Kijkduin 2012) .
Roeland Otten, still uit *'Study for Horizon'. Reenactment after Sigurdur Gudmundsson* (Studio for Immediate Spaces, Sandberg Instituut, Kijkduin 2012).

②

Alice Gancevici and Remus Puscariu, *The Big Excursion* (Fine Arts, Sandberg Instituut, Amsterdam 2013).
Alice Gancevici en Remus Puscariu, *The Big Excursion* (Fine Arts, Sandberg Instituut, Amsterdam 2013).

Endnotes Noten

1 This text is based on a number of discussions between Jurgen Bey and the authors that took place during the development of the 'Vacant NL, where architecture meets ideas' exhibition and the two-year Studio Vacant NL Master's programme.

1 Deze tekst is tot stand gekomen op basis van verschillende gesprekken tussen Jurgen Bey en de auteurs van dit boek tijdens de ontwikkeling van de tentoonstelling 'Vacant NL, where architecture meets ideas' en gedurende het tweejarige masterprogramma Studio Vacant NL.

2 This definition of the 'new work landscape' is drawn from the Utrecht Manifest 'Het nieuwe werklandschap', Vierde biënnale voor social design, Utrecht 2011–2012.

2 Deze definitie van het nieuwe werklandschap is ontleend aan het evenement 'Utrecht Manifest "Het nieuwe werklandschap", 4e biënnale voor social design', Utrecht 2011–2012.

Ronald Rietveld

Ronald Rietveld operates at the crossroads of architecture, art and science. He graduted *cum laude* from the Academy of Architecture Amsterdam in 2003 (Landscape Architecture), and won the *Prix the Rome* Architecture in 2006. After that he founded RAAAF [Rietveld Architecture-Art-Affordances] together with his brother Erik Rietveld.

Ronald Rietveld opereert op het snijvlak van architectuur, kunst en wetenschap. Hij studeerde in 2003 *cum laude* af aan de Academie van Bouwkunst in Amsterdam (Landschapsarchitectuur) en won in 2006 de *Prix de Rome* Architectuur. Vervolgens startte hij samen met zijn broer Erik Rietveld RAAAF [Rietveld Architecture-Art-Affordances].

Erik Rietveld

Erik Rietveld is a philosopher and VENI- and VIDI-laureate of the Netherlands Organisation for Scientific Research (NWO). He is a Founding Partner of RAAAF. Erik Rietveld works as a Senior Researcher at the University of Amsterdam and was earlier a Fellow in Philosophy at Harvard University. www.erikrietveld.wordpress.com

Erik Rietveld is filosoof en NWO VENI- en VIDI-laureaat. Hij is Partner bij RAAAF en werkt als *Senior Researcher* aan de Universiteit van Amsterdam. Eerder was hij *Fellow in Philosophy* aan Harvard University. www.erikrietveld.wordpress.com

Jurgen Bey

In 2002 Bey formed Studio Makkink & Bey with Rianne Makkink. Working together and supported by a design team, they analyze behavior and search for the relationship between things and their users. Bey is currently, also directing the Sandberg Instituut in Amsterdam.

In 2002 richtte Jurgen Bey Studio Makkink & Bey op samen met Rianne Makkink. Ondersteund door een ontwerpteam analyseren ze menselijk gedrag en de relatie tussen objecten en hun gebruikers. Tevens geeft Bey leiding aan het Sandberg Instituut in Amsterdam.

Arna Mackic

Arna Mackic is an architect and is part of the core design team of RAAAF since 2009.

Arna Mackic is architect en maakt sinds 2009 deel uit van het vaste ontwerpteam van RAAAF.

Barbara Visser

Barbara Visser is visual artist, film maker, tutor, and since 2014 chairman of the re-established Society of Arts of the Royal Academy (KNAW).

Barbara Visser is beeldend kunstenaar, filmmaker, docent en voorzitter van de in 2014 opnieuw opgerichte Akademie van Kunsten van de KNAW.

Ester van de Wiel

Ester van de Wiel is public space designer and curator, and tutor at the Design Academy in Eindhoven.

Ester van de Wiel is ontwerper en curator van publieke ruimte. Daarnaast is ze docent aan Design Academy in Eindhoven.

Martine Zoeteman

Martine Zoeteman is an architect and a writer. She founded STADVOGELS, an architecture studio for research and design, in 2012 (www.stadvogels.nl).

Martine Zoeteman is architect en schrijver. Ze richtte in 2012 STADVOGELS op, een architectuurstudio voor onderzoek en ontwerp (www.stadvogels.nl).

RAAAF

RAAAF [Rietveld Architecture-Art-Affordances] operates at the crossroads of architecture, art and science. RAAAF makes site-specific work and has developed the design approach of 'strategic interventions', which derives from the different backgrounds of the founding partners Ronald and Erik Rietveld. Besides them the core design team consists of architect Arna Mackic. RAAAF was elected Dutch Architect of the Year 2013 and has shown installations at international exhibitions in Sao Paulo, Venice, Museum Boijmans Van Beuningen, Centraal Museum, and at the Istanbul Art Biennale. www.raaaf.com

RAAAF [Rietveld Architecture-Art-Affordances] opereert op het snijvlak van architectuur, kunst en wetenschap. RAAAF maakt locatie-specifiek werk en ontwikkelde de ontwerpbenadering van 'strategische interventies', die voortkomt uit de verschillende achtergronden van de studio-partners Ronald en Erik Rietveld. Het vaste ontwerpteam bestaat naast hen uit architect Arna Mackic. RAAAF werd in 2013 uitgeroepen tot 'Architect van het Jaar' en heeft installaties getoond in internationale tentoonstellingen in Sao Paulo, Venetië, Museum Boijmans Van Beuningen, Centraal Museum en de kunstbiënnale van Istanbul. www.raaaf.nl

Sandberg Instituut

The Sandberg Instituut houses the Master's degree programmes of the Gerrit Rietveld Academy, Amsterdam. It offers four permanent directions: Fine Arts, Applied Arts (known as the Dirty Art Department), Design (the Think Tank for Visual Strategies) and Interior Architecture (the Studio for Immediate Spaces). It believes it is increasingly important to connect education in art and design with urgent issues in society. Jurgen Bey, director since 2010, is making the institute even more outward-looking by starting up new series of temporary research programmes on these issues and strengthening the institute's position internationally. The Studio Vacant NL programme is the first in this series. www.sandberg.nl

Het Sandberg Instituut is de thuisbasis van de Masteropleidingen van de Gerrit Rietveld Academie, Amsterdam. Het biedt vier vaste studierichtingen aan: Fine Arts, Applied Arts (bekend als de Dirty Art Department), Design (Think Tank for Visual Strategies) en Interior Architecture (Studio for Immediate Spaces). Het Sandberg Instituut vindt het in toenemende mate belangrijk om in kunst- en ontwerponderwijs te verbinden met actuele maatschappelijke kwesties. Jurgen Bey, directeur sinds 2010, maakt het instituut nog meer naar buiten gericht door een nieuwe reeks tijdelijke onderzoeksprogramma's rondom deze kwesties op te starten en de internationale positie van het instituut te versterken. Het masterprogramma Studio Vacant NL is de eerste in deze reeks. www.sandberg.nl

Tutors Docenten Studio Vacant NL

Erik Rietveld: Director Studio Vacant NL, philosopher Afdelingshoofd Studio Vacant NL, filosoof

Ronald Rietveld: Director Studio Vacant NL, architect Afdelingshoofd Studio Vacant NL, architect

Ester van de Wiel: Designer public space Ontwerper publieke ruimte

Frank Havermans: Architectural designer, artist Architectonisch ontwerper, kunstenaar

Barbara Visser: Visual artist Beeldend kunstenaar

Jurgen Bey: Director Sandberg Instituut, designer Directeur Sandberg Instituut, ontwerper

Martine Zoeteman: Coordinator Studio Vacant NL, architect, writer Coördinator Studio Vacant NL, architect, schrijver

Vibeke Gieskes: Editor, project manager Redacteur, projectmanager

Huib Haye van der Werf: Curator Curator

Deelnemers Participants Studio Vacant NL

Celine de Waal Malefijt: Interaction- and spatial designer Interactie- en ruimtelijk ontwerper

Christiaan Bakker: Interior architect Interieurarchitect

Daan van den Berg: Interior architect, designer Interieurarchitect, ontwerper

Henriette Waal: Artist, designer public space Kunstenaar, ontwerper publieke ruimte

Jorien Kemerink: Interaction- and spatial designer Interactie- en ruimtelijk ontwerper

Ruiter Janssen: Graphic designer Grafisch ontwerper

Sjoerd ter Borg: Political scientist, designer Politicoloog, ontwerper

Pieter Alexander Lefebvre: Architect Architect

Photo Credits Beeldverantwoording

Cover Kaft Photo Foto Huub Meijers; p. 7 Photo Foto http://pouhou.aminus3.com/image/2007-09-09.html; p. 10 & 20 Photos Foto's Rob 't Hart; pp. 24–27 Drawing Tekening Barbara Visser | RAAAF; p. 43 Photo Foto Jim Ellam; p. 46 Photo Foto Rob 't Hart; p. 48 Photo Foto Huub Meijers; pp. 58–76 Studio Joost Grootens | RAAAF. Photos Foto's Peter Cox; p. 82 Illustration Illustratie RAAAF; p. 84 Photo Foto Allard Bovenberg; p. 90 Photo Foto http://www.vliegbasis-soesterberg.nl/32TFS.html; p. 92 Photo Foto Thomas Schlijper; p. 92 Photo Foto Evert Zandbergen; p. 103 Postcard Ansichtkaart www.vliegbasis-soesterberg.nl/32TFS.html; p. 103 Illustration Illustratie RAAAF; p. 104 Photo Foto Raymond Rutting; pp. 106–112 Photos Foto's Michiel de Cleene; p. 114 Film still uit 'Secret Operation 610': Moving Films; p. 120 Illustration Illustratie RAAAF; pp. 126–129 Photos Foto's Jorien Kemerink; p. 128 Photo Foto Corneel de Wilde; p. 130 Photo Foto Rob 't Hart; p. 133 Photo Foto Merijn Buitelaar, Rope Access Hertel; p. 134 Photo Foto Jorien Kemerink; p. 141 Film still of documentary 'Vacancy Safari' Film still uit documentaire 'Leegstandsafari' Henriëtte Waal; p. 146 & 148 Photos Foto's Corneel de Wilde; p. 162 Photos Foto's Corneel de Wilde

Acknowledgements Met dank aan

Kars Alfrink, Fons Asselbergs, Marjo van Baar, Christiaan Bakker, Chantal Bax, Jos Bazelmans, Jeroen Beekmans, Daan van den Berg, Guus Beumer, Jan Boelen, Joop de Boer, Sjoerd ter Borg, Ole Bouman, Rinske Brand, Anne Brouwers, Damiaan Denys, Ella Derksen, Hessel Dokkum, Iris van Domselaar, Guido Egas, Peer Frantzen, Ronald van Gent, Vibeke Gieskes, Elsbeth Grievink, Sanneke de Haan, David Habets, Rob 't Hart, Frank Havermans, Rogier van der Heijden, Sofie Hendrikx, Edwin Jacobs, Kasper Jacobs, Liesbeth Jansen, Ruiter Janssen, Folkert de Jong, Jan-Kees van Kampen, Jorien Kemerink, Chris Keulemans, Julian Kiverstein, Koen Kleijn, Eva de Klerk, Vincent Kompier, Rob van Kranenburg, Sophie Krier, Ira Koers, Mark de Kruijk, Nicole Lagewaard-Rietveld, Mike Lee, Pieter Alexander Lefebvre, Sabrina Lindemann, Francois Lombarts, John Lonsdale, Erick de Lyon, Celine de Waal Malefijt, Janno Martens, Sarah Meuleman, Ingeborg Middel, Soraya Notoadikusumo, Maarten Overdijk, Rikkert Paauw, Quintus Masius, Arjen van Ruyven, Kees van Ruyven, Koos Schaart, Jaap Schoufour, Iris Schutten, Annet Jantien Smit, Nadine Snijders, Klaas Speller, Saskia van Stein, Ivo van Stiphout, Martin Stokhof, Frank Strolenberg, Bas van Tol, Cees van 't Veen, Jaap Vinken, Linda Vlassenrood, Nancy van Vooren, Henriette Waal, Huib Haye van der Werf, Corneel de Wilde, Claus Wiersma, Erik Wong, Alexander Zeh, Ida van Zijl, Boekel De Nerée, Cascolab, DUS architects, Het Nieuwe Instituut, Kunstvlaai, Ministerie van Onderwijs, Cultuur en Wetenschap, Internationale Biënnale Leegstand & Herbestemming, Landstra & de Vries, Looiersgracht 60 Organisatie, Mediamatic, Object Rotterdam, Superuse Studios, The One Minutes, Tuttobene, Westergasfabriek, Urban Resort, Ymere.

Credits Colofon

Editors-in-Chief Hoofdredacteurs
Ronald Rietveld & Erik Rietveld
Editors Redactie
Martine Zoeteman & Arna Mackic
Authors Auteurs
Ronald Rietveld, Erik Rietveld, Jurgen Bey, Arna Mackic, Barbara Visser, Ester van de Wiel & Martine Zoeteman
Photo editing Beeldredactie
Ronald Rietveld, Erik Rietveld, Arna Mackic & Martine Zoeteman
Content advisors Inhoudelijke advies
Vibeke Gieskes, Janno Martens
Copy editing Tekstredactie
Els Brinkman, Bookmakers
Translation Vertaling
Vivien Reid, Bookmakers
Design Vormgeving
Studio Joost Grootens, Joost Grootens, Tine van Wel, Slávka Pauliková
Printing Druk
NPN Drukkers
Lithography Lithografie
Marc Gijzen
Publisher Uitgever
Marcel Witvoet, nai010 publishers

This publication was made possible by
Deze publicatie kwam mede tot stand dankzij
Creative Industries Fund NL Stimuleringsfonds Creatieve Industrie, Sandberg Instituut, Cultural Heritage Agency of the Netherlands Rijksdienst voor het Cultureel Erfgoed (RCE), Netherlands Organisation for Scientific Research (NWO) Nederlandse Organisatie voor Wetenschappelijk Onderzoek (NWO)

nai010 publishers is an internationally orientated publisher specialized in developing, producing and distributing books in the fields of architecture, urbanism, art and design. www.nai010.com
nai010 uitgevers is een internationaal georiënteerde uitgever, gespecialiseerd in het ontwikkelen, produceren en distribueren van boeken op het gebied van architectuur, stedenbouw, kunst en design. www.nai010.com

nai010 books are available internationally at selected bookstores and from the following distribution partners:

North, Central and South America – Artbook | D.A.P., New York, USA, dap@dapinc.com

Germany, Austria, Italy, Spain, Portugal and Greece – Coen Sligting Bookimport, Alkmaar, the Netherlands, sligting@xs4all.nl

Rest of the world – Idea Books, Amsterdam, the Netherlands, idea@ideabooks.nl

For general questions, please contact nai010 publishers directly at sales@nai010.com or visit our website www.nai010.com for further information.

Printed and bound in the Netherlands

ISBN 9789462081468